SIBIRIEN
Peking
EUROPA
SÜDCHINA
Tokio
Japan
Beihei
Indien
ZENTRAL-
AFRIKA
Cocos
Inseln
Mauritius
AUSTRALIEN
Sidney
Tasmanien
Neu-
seeland

Was Darwin uns verschwieg

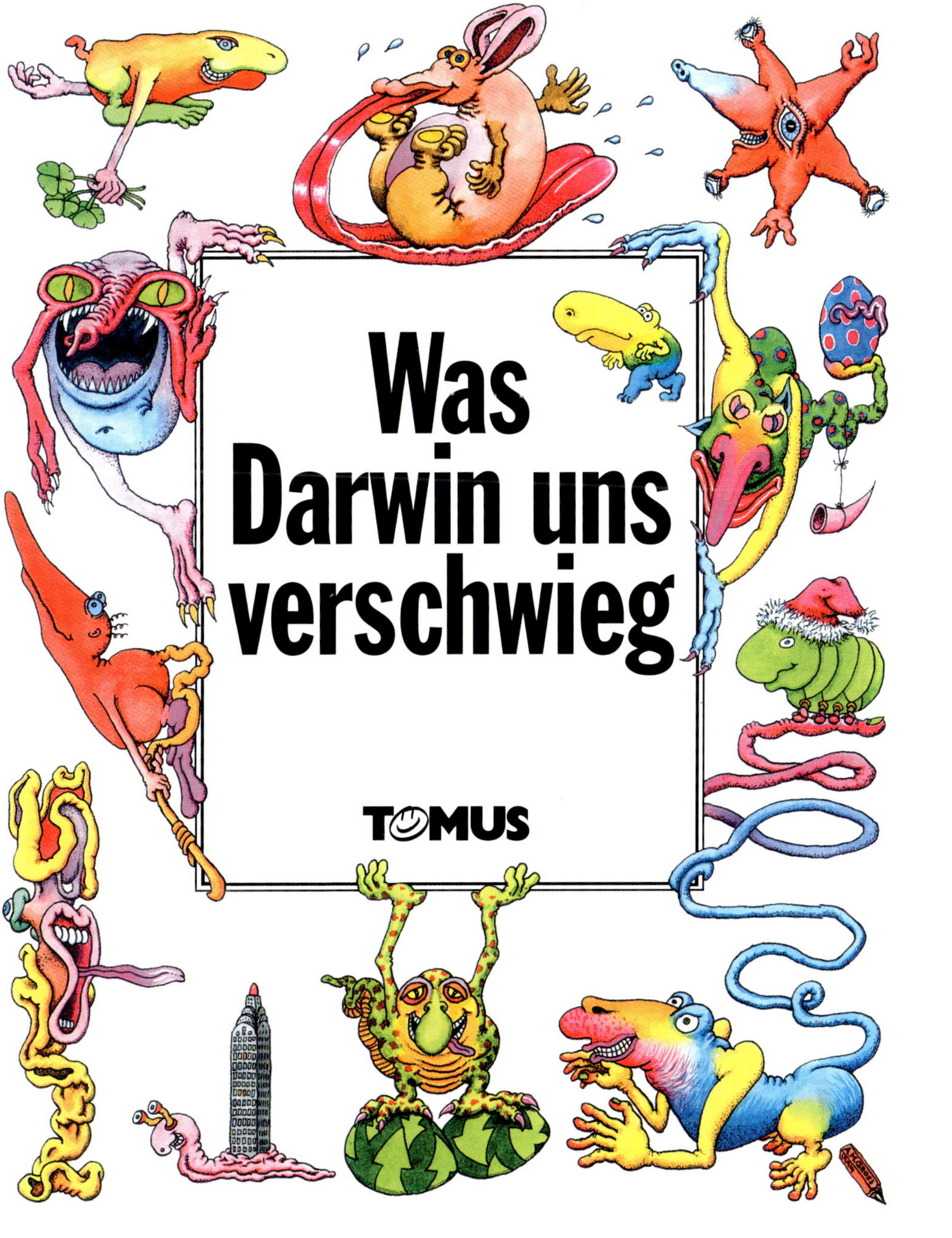

Was Darwin uns verschwieg

TOMUS

Satz und Reproduktion:
Satz: Design-Typo-Print GmbH, Ismaning
Druck- und Bindearbeiten: Dr. Cantz`sche Druckerei, Ostfildern

1 2 3 4 5 99 98 97 96 95
Auflage Jahr
(jeweils erste und letzte Zahl maßgeblich)

ISBN 3-8231-0778-X

„Wir wissen jetzt,
daß die Welt nicht so ist,
wie man uns
glauben macht.“

(Charles Darwin zu Karl Marx, 1859)

Inhaltsverzeichnis

Die Autoren

Das Entdeckerteam: Die Parabiologen und Seriositätswissenschaftler Cornelia Prem und Andreas M. Gross

Cornelia C. Prem: 1957 in Shrewsbury, England, als Tochter eines Süßwarenfabrikanten geboren. Nach ausgedehnten Studienaufenthalten in Osteuropa, Afrika und dem Südpazifik promovierte sie 1982 in München an der Fakultät für Molekular-Parabiologie.*)
Seit 1983 Dozentin für angewandte Parabiologie, lehrt Prem an der Deutschen Hochschule für Seriositätswissenschaften und leitet das Zentrallabor für Parabiologie in München.

*) Prem, Cornelia: „Bauplan der Unsterblichkeit – die extrachromosomale Differenzierung der Protozoenzelle als Basis mentaler Individualisierung", Verlag Macht und Wissen, Renthendorf bei Neustadt-Orlau 1982.

Andreas M. Gross: 1953 in Havanna, Cuba, als Sohn eines Schuhfabrikanten geboren. Nach ausgedehnten Studienaufenthalten in Westeuropa, Asien und Amerika promovierte er 1980 in Kiel an der Fakultät für Dekadistik.**)
Gründungsmitglied der Deutschen Hochschule für Seriositätswissenschaften (DHS, München / Hamburg) und Ordinarius für Parabiologie an der DHS in München. Seit 1985 leitet Gross das „Laboratorio Parabiológico" in Mexico City.

**) Gross, Andreas M.: „Genetische Dekadenz bei Hominiden als Ursache für Reisefieber und andere lokomotorische Störungen", Wissenschaftl. Edition Ringelrein, St. Udienrays 1980.

Vorwort

Das vorliegende Buch revolutioniert unser Weltbild. Es ist zweifellos das wichtigste naturwissenschaftliche Werk, seit 1859 Charles Darwins „Entstehung der Arten" veröffentlicht wurde. Darin hatte der Brite nicht nur ein ganzes Kapitel der Evolution, sondern auch schlagende Beweise für die enge Verwandtschaft von Mensch und Tier verschwiegen.

Die Enthüllungen der Parabiologen C. Prem und A. M. Gross decken ein regelrechtes biologisches Watergate darwinscher Vertuschungen auf. Das Forscherpaar belegt, was wir schon immer ahnten: Homo sapiens bevölkert beileibe nicht als einzig intelligentes Wesen unseren Planeten. Mensch und Kreatur stehen in engster Beziehung zueinander, manchmal sind Tiere die besseren Menschen. Sie empfinden Haß und Liebe, Verzweiflung und Glück, können trotzig, hinterlistig, aber auch von brillanter Geistesschärfe und geradezu human sein. Von gewissen Tieren kann unser Wohlergehen abhängen, andere halten uns einen moralischen Spiegel vor, und manche sind nicht ungefährlich.

So beeinflußt die negative Weltsicht der Pessymiste maßgeblich die Verbreitung von Unglück, und am Schicksal des Hochhausschneck läßt sich erkennen, wohin Sittenlosigkeit und Promiskuität führen können. Jetzt überrascht uns nicht mehr, daß in der Familie der Schlappschwänze die Weibchen für den Unterhalt der Sippe sorgen, während sibirische Latschen ein Vorbild an Zärtlichkeit und Fürsorge darstellen. Den besten Beleg für Schnorrertum im Tierreich liefert der Tyrannenschlüpfer, und wie Menschen treiben auch Brüsseler Erbsenzähler Projekte mit Pedanterie zum Kollaps. Dagegen setzt sich die Hilfsbereitschaft der Korrekturtaste höchst positiv ab. Die Osterei-Dexe zeigt uns, daß Sucht zum Diebstahl führt, und endlich ist bewiesen, daß männliche Lustlosigkeit selbst bei Sehsternen weibliche Frustration erzeugt.

Das Buch signalisiert das Ende hominider Arroganz, der Mensch hat seine Rolle als „Krone der Schöpfung" endgültig ausgespielt. Statt zu zerstören oder zu beherrschen, sollte er sich fortan lieber als bescheidene Variante der Evolution begreifen und verstärkt um Einklang mit der Natur bemühen. Diese Erkenntnis, aber nicht zuletzt die wunderbare Darstellung der faszinierenden neuen Tierwelt, macht das Buch auch für den Laien zu einem wahren Juwel der Wissenschaft.

Prof. Dr. Coran Pross
Ascona, 1995

Der hundertjährige Boris Robert Biegel

Was Darwin uns verschwieg

Selten wurde eine Weltanschauung so erschüttert wie 1859, als Charles Darwin „Die Entstehung der Arten"*) veröffentlichte.

Mit seinem Buch hob der graduierte Theologe und Privatgelehrte ein jahrtausendealtes Weltbild aus den Angeln. Während die biblische Schöpfungslehre die Unveränderlichkeit von Mensch, Tier und Pflanze lehrt, ging für den umstürzlerischen Briten eine Art aus der anderen hervor: Im Kampf ums Dasein überleben nur die Tauglichsten („Survival of the fittest"). Darwins Theorie von der „Evolution durch natürliche Auslese" entstand während seiner fünfjährigen Forschungsreise auf dem Vermessungsschiff *Beagle*, das Kapitän Robert Fitzroy kommandierte.

Auf der Weltumsegelung ging Darwin bei Landexkursionen und Naturbeobachtungen ein deutschstämmiger Schiffsjunge namens Boris Robert Biegel hilfreich zur Hand. Der aufgeweckte Bursche, 1831 erst 15 Jahre alt und „Bobo" genannt, wurde später sein intimster Vertrauter und Mitarbeiter. Mit Bobos Assistenz machte sich der Heimkehrer Darwin auf seinem abgeschiedenen Landsitz in Downe an die Arbeit. Es sollte 22 Jahre dauern, bis er die „Die Entstehung der Arten" veröffentlichte.

Für diesen ungewöhnlich langen Zeitraum gibt es jetzt eine Erklärung: Biegel und Darwin beschäftigten sich über zwei Jahrzehnte hauptsächlich mit anderen naturwissenschaftlichen Studien, die sie in einem „Top-Secret-Archiv" hüteten. Nach Darwins Tod (1882) übersiedelte sein Assistent mit dem gesamten Geheimarchiv nach Potsdam. Dort starb Boris Robert Biegel 1918 im Alter von 102 Jahren.

Charles Robert Darwin (1809 – 1882). Sohn eines wohlhabenden Arztes und zeitlebens frei jeglicher finanzieller Sorgen.

Sein hochbrisanter Nachlaß, vier versiegelte Überseekisten, geriet in Vergessenheit, bis ihn die Parabiolo-

*)*Darwin, Charles: „The origin of species by means of natural selection", John Murray, London 1859.*

gen Cornelia Prem und Andreas M. Gross 1982 aufspürten.
Die sensationelle Entdeckung entpuppte sich als parabiologische Fundgrube ersten Ranges. Die Kisten enthielten neben Biegels Lebenserinnerungen geheime Tagebücher Darwins, Entdeckerbiographien sowie Präparate, Fotos, Zeichnungen, Holzschnitzereien und Beschreibungen höchst bizarrer Tiere. Diese skurrilen Geschöpfe hatten Darwin und Biegel entdeckt, aber ganz offensichtlich der Wissenschaft verschwiegen.
Prem und Gross schlossen 1994 ihre Untersuchungen des geheimen Erbes mit der Erkenntnis ab, daß Darwin ein ganzes Kapitel der Schöpfung unterschlagen und ein regelrechtes „Biologisches Watergate“ verursacht hatte.
Dutzende „entarteter“ Geschöpfe waren dem „Eremit von Downe“ von 1831 bis 1882 in die Quere gekommen. Doch Darwin hatte keine Lust, seine Evolutionstheorie ihretwegen bis zur Unglaubwürdigkeit zu verändern. Daher beschloß er, die „unmöglichen Spezies“ um jeden Preis zu verschweigen. Fremdveröffentlichungen über unpassende zoologische Entdeckungen kaufte Darwin auf. Pioniere der Forschung wie Dr. S. K. Pade oder Dr. Nally Nachtschatt wurden durch Schmähschriften oder Verleumdung lächerlich gemacht, andere brachte der steinreiche Darwin durch Bestechung zum Schweigen. Die Liste der gekauften Entdecker liest sich wie ein „Who is Who“ der Wissenschaft: Alfred Brehm*), Ado Glitsch, Doris Junker, Ernst Haeckel, Ede L. Weiß, Richard Owen, Luigi Arnone, Alfred R. Wallace, Fred Has, Pater David, sogar der ehrenwerte Sir Albert O'Brain!
Darüber hinaus bewogen Darwin andere, teilweise peinliche Gründe zum Schweigen: 1860 hatte er zwei exotische Wesen buchstäblich verschlafen, andere entwischten dem Bio-Experten oder wurden aus Unwissenheit von ihm übergangen. An besonders gefährliche Entdeckungen wagte sich der wenig risikobereite Wissenschaftler gar nicht erst heran, gewissen Geschöpfen stellte er vergeblich nach, etliche wollte er wegen ihrer Nützlichkeit für sich behalten und einen Vogel wagte er später nicht mehr zu erwähnen, da er die Notizen über ihn verloren hatte.
Bedauerlich bleibt, daß Darwin seine große Chance nicht genutzt hat, die neuentdeckte Fauna in das evolutionistische Weltbild zu integrieren. Besonders störten ihn offensichtlich die frappant menschlichen Eigenschaften der zoologischen Neuzugänge. Daher hat der „Vater der Evolution“ nie behauptet, der Mensch stamme direkt vom Affen ab. Stets verwies er vage auf einen „gemeinsamen Vorfahr“**). Darwin ahnte wohl, daß die Neuentdeckungen mit dem Homo sapiens mehr zu tun hatten, als er zuzugeben bereit war.

*) *Höchst peinlich für Parabiologin Cornelia Prem. Die Urenkelin A. Brehms, eigentlich auch eine Brehm, ließ sich sofort in Prem umbenennen, um ihr seriöses Image nicht zu gefährden.*
**) *Vergl.: Asimov, Isaak: „Das Wissen unserer Welt“, C. Bertelsmann Verlag GmbH, München 1991, S. 332.*

Alle in diesem Buch geschilderten Geschöpfe verdienen es, auf eine gebührende wissenschaftliche Plattform gehoben zu werden. Daher sind im vorliegenden Werk auch Lebewesen aus dem Biegelschen Nachlaß beschrieben, die Darwin selbst entgangen waren, oder solche, die erst in jüngster Zeit ihre spezifischen Eigenarten entwickelten, wie etwa die Nico-Laus, die Osterei-Dexe oder der Erbsenzähler.

Nach den neuesten Erkenntnissen erhärtet sich für die Parabiologen Prem und Gross immer mehr der Verdacht, daß ein Teil des menschlichen Ursprungs möglicherweise in den Stammbäumen dieser Tiere liegt. So könnten Lehrsätze wie „Der Mensch stammt vom Schlüpfer ab" schon bald breite Akzeptanz erreichen.

Die Fahrt der Beagle 1831-36

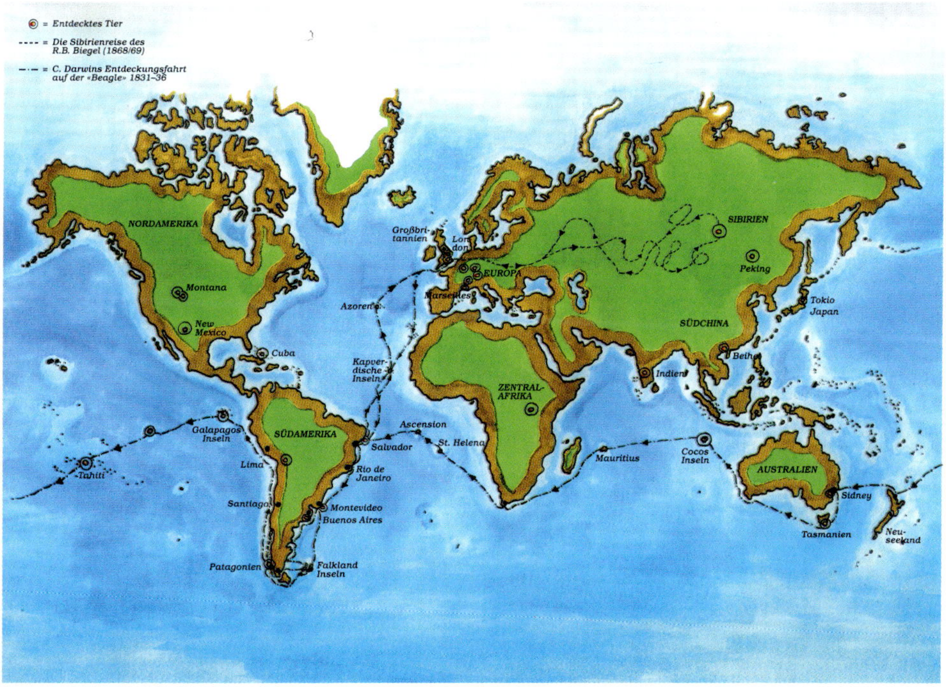

Der europäische Erbsenzähler

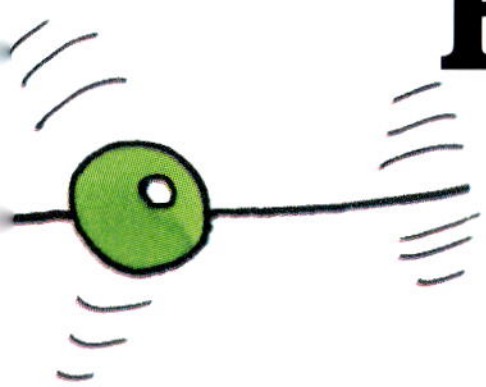

Penetrans numerator pisi

Klasse: *Säugetiere*
Familie: *Penetranten*
Artbestand: *ca. 14 000, rapide zunehmend*

Besonderheiten: *Es gibt zwei verschiedene Arten, wovon die eine in ländlichen, die andere in urbanen Gebieten zu finden ist. Diese wildlebende Art zeigt hellblaue Färbung, grünliches Hauptfell, verfügt über einen kleinen Saugrüssel und ist heute kaum noch zu finden.*
Die andere, halbdomestizierte Art dagegen ist haarlos, rosarot und glatthäutig (Abb. links). Dieser zierlicheren Erbsenzähler-Variante gelang es, den Überlebenskampf weit graziöser zu meistern. Sie wird deshalb auch gern als Eurograzie bezeichnet. Auffällig bei den einheitlich rosig gefärbten Tieren ist die stachelförmig zulaufende Schnauze (15–20 cm lang).
Auf dem nadelspitzen Riechorgan werden maximal drei Erbsen aufgespießt.
Charakter: *ordnungssüchtig, impertinent, spitzfindig und penibel.*
Geographische Verbreitung: *ursprünglich Forst- und Agrargebiete Belgiens (blaue Wildform); nach 1950 zunehmende Ausbreitung in Städten Zentral- und Westeuropas (rosa Eurograzie).*
Lebensraum: *Die wildlebende Art baut sich in Wäldern labyrinthartige Höhlen. Ihre urbanen Verwandten bevorzugen städtische Bürogebäude.*
Fortpflanzung: *Normalerweise kommt bei der wilden Form nach exakt 99 Tagen ein Junges zur Welt. Das Muttertier kümmert sich allein drei Jahre lang, bis zur Geschlechtsreife, intensiv um ihr Baby. Erst danach ist das Weibchen wieder befruchtungsfähig. Die städtischen Arten zeigen sich dagegen geselliger und leben in Großfamilien. Sie pflanzen sich schon mit 14 Monaten fort und werfen vier bis sechs Junge.*
Nahrung: *Zucker- und Kichererbsen, Brotkrumen, Kartonagen und Papierschnipsel.*
Feinde: *europäische Ackerbauern, Nächtliches Unwesen.*
Entdecker: *Paul Netrand, Brüssel, 1863.*

Der europäische Erbsenzähler, die Grazie unter den Penetranten.

Der Wilde aus der Penetranten-Familie: der ländliche Erbsenzähler zeigt hellblaue Färbung, grünliches Hauptfell, verfügt über einen kleinen Saugrüssel und ist heute kaum noch zu finden.

Penibel, pingelig und ein Freund von Erbsensuppe: Paul Netrand.

Von den belgischen Erbsenbauern wurde der Erbsenzähler im vergangenen Jahrhundert entdeckt. Während der hellblaue Rüssler von den Bauern als unmäßiger und gefräßiger Schädling bekämpft wurde, sah man in dem spitzschnäuzigen Erbsenzähler ein optimales Arbeitstier, das speziell für den Ernteeinsatz geeignet schien.

Die vermeintlich geniale Idee entpuppte sich schnell als verheerender Fehlschlag: Die Züchter wußten zwar von der Ordnungsliebe der Eurografie, hatten aber deren Pedanterie hoffnungslos unterschätzt. Während ihr Auszählen noch relativ zügig vonstatten ging, nahm das Aufspießen der Erbsen unendlich viel Zeit in Anspruch. Nur Hülsenfrüchte von exakt einheitlicher Größe, Farbe und Struktur wollte

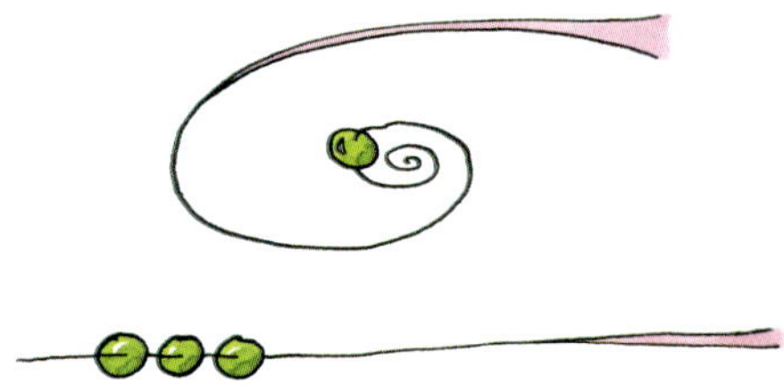

Ein Tier, bei dem penible Ordnung herrscht: Der europäische Erbsenzähler kann seine nadelspitze Nase einrollen und maximal drei exakt gleich große Erbsen auf ihr akkommodieren.

das eigenwillige Tier aufpieken. Die Agrarblamage war vorprogrammiert.

Der mißlungene Tierversuch mußte um jeden Preis verschwiegen werden. Scharen von Erbsenzählern wurden von den verzweifelten Bauern eingesammelt, in Kisten verpackt und zusammen mit der kümmerlichen Erbsenernte an das belgische Königshaus geliefert. So hoffte man, sich der Penetranten-Pest elegant entledigen zu können. Ein tierliebender Küchenmeister, der die heikle Fracht im Palast entdeckte, ließ die Tiere jedoch heimlich auf den Hügeln beiderseits des Senne-Flusses frei.

Vom Hunger geplagt, fern von jeder Erbse, pilgerten die Tiere ins nahegelegene Brüssel und schlichen sich nächtens in diverse Gebäude. Meist landeten sie in tristen Büroräumen, wo sich kaum ein Krümel fand. Doch die genügsamen Tiere gaben nicht auf und nagten bescheiden an allen möglichen Akten und Kartonagen, die sie erstaunlich gut vertrugen. Da man Mäuse für den Knabberschaden

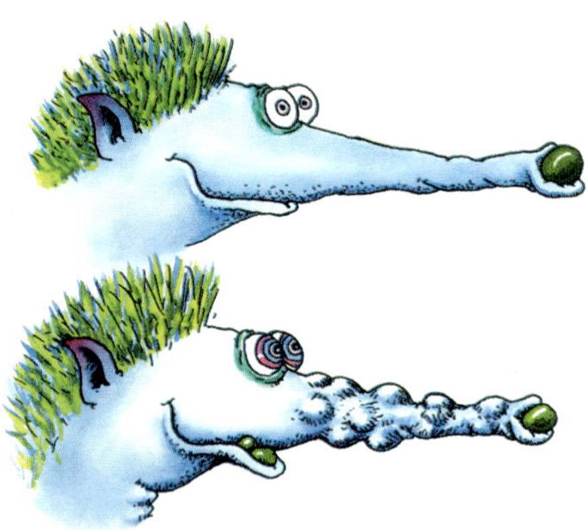

Der unersättliche ländliche Erbsenzähler bei der Mahlzeit. Die erste Erbse wird ruhig angesaugt (oben), beim ungeordneten Genuß aller weiteren läßt die Gesittung dann allerdings sichtbar zu wünschen übrig (unten).

verantwortlich machte, blieben die Erbsenzähler unentdeckt und wurden zunehmend kesser.

In den 80er Jahren dieses Jahrhunderts entwickelte sich der Erbsenzähler zu einer wahren Plage: Völlig entfesselt, begann er seine piksige Nase (zu Recht „Brüssler Spitze" genannt) hemmungslos in alles hineinzustecken, was ihm in die Quere kam. Besonders angetan waren die ordnungsliebenden Tiere von dem Inhalt der Papierlocher. Stundenlang sortierten sie das bunte Konfetti nach Farben und Mustern auf ihrer Piksnase. Mit den für Penetranten so typischen Grunz- und Quietschlauten schleuderten sie die feinen Papierscheibchen empor, um mit weit aufgesperrtem Maul nach ihnen zu schnappen und sie genüßlich zu vertilgen.
Vermutlich ist Locherkonfetti, neben Erbsen, noch heute ihre Lieblingsspeise.
Für Darwin zählte der Erbsenzähler zwar auch zu den „unpassenden" Tieren, aber er hielt ihn für peripher und zu unbedeutend, um sich weiter mit ihm zu befassen. Als jedoch Paul Netrand und Victor von Bührow ausführlich über den Sonderling berichteten und ihre Werke veröffentlichten, schritt Darwin ein. Mittels größerer Geldbeträge konnte er die beiden Forscher bewegen, ihre Publikationen zurückzuziehen.

Vergl.: Netrand, Paul: „Vom Wesen der Eurowesen", Lang & Athmig Verlagsanstalt, Straßburg 1865.
Siehe auch: Bührow, Victor von: „Zauber der Norm", Endlos Verlag, Brüssel, 1869.

Locherkonfetti – die Lieblingsspeise der Eurograzie.

Sorgfältiges Aufnehmen garantiert unbeschädigtes Erntegut.

Die Euphurie

Furia jubilis furiosa

Klasse: *Säugetiere*
Familie: *Parasympazien*
Artbestand: *Drei letzte Exemplare werden in dem Schloßpark Neuschwansteins vermutet. Durch ein wirksames Artenschutzprogramm könnte ihr Bestand auf 20 erhöht werden.*

Besonderheiten: *Die lapidarsten Erlebnisse, wie der Fund eines vierblättrigen Kleeblatts, lösen bei der Euphurie überschwengliche Begeisterungsstürme aus. Das rattengroße Tier verfällt schlagartig in einen rauschartigen Glückstaumel, den es durch hohe Luftsprünge zum Ausdruck bringt. Der Erregungszustand flaut allerdings schon nach ca. 10 Minuten wieder ab, und die Euphurie kann sich nicht mehr an den Anlaß ihres seelischen Hochs erinnern. Dies führt konsequenterweise zu tiefen Depressionen und Orientierungslosigkeit.*
Charakter: *wechselhaft, überschwenglich, hysterisch, harmoniebedürftig und manisch-depressiv zugleich.*
Geographische Verbreitung: *ursprünglich Mesopotamien, dann weltweit, heute nur noch im oberbayerischen Voralpengebiet vermutet.*
Lebensraum: *Wiesen, Steppen, Savannen, Wälder und bukolische Landschaften.*
Fortpflanzung: *Hält, was selten vorkommt, ein euphorischer Zustand über Tage an, wird das Weibchen befruchtungsfähig. Mit etwas Glück taucht in dieser Phase ein fortpflanzungsfreudiges Männchen auf, und es kommt zur Begattung. In einem weichen Bett aus Kleeblättern erblickt der einzige, zu diesem Zeitpunkt noch komplett grüngefärbte Sprößling das Licht der Welt. Das Euphurienpaar füttert und umsorgt das zunächst ausgeglichene Kind für sechs Monate, bis es sich leidlich selbst ernähren kann. Dann verlassen die Eltern ihren verdatterten Sprößling ohne Vorwarnung und gehen auch als Partner für immer getrennte Wege. Ungefähr die Hälfte aller Euphurien-Jungen sterben, bevor sie die Geschlechtsreife erlangt haben.*
Nahrung: *vierblättrige Kleeblätter, Glückspilze, neue Rosen und Kartoffeln.*
Feinde: *Pessimysten, der gemeine Schwarzseher.*
Entdecker: *Brigitte Bonheur, Lausanne 1831.*

In prächtigen Herden donnerten sie einstmals über Grassteppen und Savannen entlang des Euphratufers, doch dort sind die Euphurien längst ausgestorben. Das sensible Tier konnte die anhaltenden Konflikte seines damaligen Biotopes nicht verarbeiten, was zur Versteppung seiner Seele führte. Doch Auswanderung war keine Lösung – wohin sich die Euphurien auch wandten: überall Ärger und Probleme! Nach und nach lähmten die negativen Schwingungen von „Kriegen, Krisen und Korruption“ den gesamten Organismus dieser hochsensiblen Parasympazienart. Der Zusammenbruch ihrer Psyche war die unweigerliche Folge.

Solche Störungen können peripher, aber auch zentral begründet sein. Seele und Körper sind in einem solchen Falle nicht mehr selbständige Substanzen, sondern werden nur noch als Daseinsform (modi) der einen unendlichen Substanz erklärt. Erste Lähmungserscheinungen der ausladenden Schwingarme sind symptomatisch für diesen Zustand. Die lebensnotwendigen Höhenflüge der Euphurie – ein faszinierend komplexes Zusammenspiel zwischen Geist und Körper – waren dadurch nicht mehr möglich, was das Aussterben dieser Gattung dramatisch beschleunigte.

Fern von Kriegen und Unglück war die Euphurie bis zum Ausbruch des ersten Weltkrieges vorwiegend in der sicheren Schweiz zu finden. Hier wurde sie auch von Brigitte Bonheur, einer wanderfreudigen Pensionatsdirektorin, bei einem Klassenausflug in den Schweizer Alpen entdeckt.

Die Leiterin des Mädchenpensionats „Karl von Linné“ hatte sich mit ihren

Die Euphurie – Glück von kurzer Dauer angesichts vierblättriger Kleeblätter und mittlerweile selten gewordener Glückspilze (links).

Schützlingen auf einer von Kleeblättern übersäten Wiese zur Rast niedergelassen, als vor ihren Augen ein jauchzendes Euphurienpärchen in höchste Ekstase fiel und dabei recht unschicklichen Körperkontakt herstellte.

Brigitte Bonheur, sittenstrenge Pensionatsdirektorin und unfreiwillige Entdeckerin der Euphurie.

Vor Scham errötend, blickten die Mädchen zu Boden und verstummten. Mademoiselle Bonheur, die als einzige noch gebannt den raschen Bewegungen des Pärchens folgte, war fassungslos. Noch nie hatte sie etwas von diesen schillernden Exoten gehört, geschweige denn je ein lebendes Exemplar gesehen. Neugierig, wenn auch etwas ängstlich, näherte sich die sonst naturwissenschaftlich recht versierte Schulleiterin den beiden. Mit leisem Schaudern und recht verunsichert, nahm Mademoiselle Bonheur von den menschenartigen Händen und Füßen der Euphurien Notiz.

Zu spät erkannte die in solchen Dingen wenig bewanderte Pensionatschefin, daß sie die Tiere im Paarungsspiel überrascht hatte. Schockiert und aufs peinlichste berührt, zog sich Bonheur zurück, um mit ihren Schülerinnen die fruchtbare Wiese eiligst zu verlassen. Aus dem Pensionat bei Lausanne kam nie eine Meldung über diesen irritierenden Zwischenfall. Alle Beteiligten waren bemüht, das „unzüchtige Naturwunder" schnellstmöglich zu vergessen.

Erst hundert Jahre später stieß die Biologin Gloria X. Tase, eine ehemalige Schülerin des „Karl-von-Linné-Lyceums", auf Brigitte Bonheurs Aufzeichnungen und war mutig genug, sie 1933 zu veröffentlichen. Prem und Gross stellten fest, daß der hypochondrische Darwin sehr wohl von der Euphurie wußte, aber nur allgemeine Notizen über sie und andere Parasympazien gemacht hatte. Aus gutem Grund war er nicht näher auf sie eingegangen, denn ihm war wohlbekannt, daß Parasympazien ihre Gemütsschwankungen bevorzugt auf Menschen übertragen. Wer ihnen zu nahe kommt, muß mit plötzlichen Anfällen von Aggression, Depression oder Euphorie rechnen.

Vergl.:
Tase, Gloria X.: „Höhenflug und Absturz", Verlag Ramba & Zamba, Glückstadt, 1933.

Die sibirische Latsche

Lubricus transitans sibiriae

Klasse: *Säugetiere*
Familie: *Schlurchen*
Artbestand: *ca. 30 (es gibt neun weitere Unterarten, die sich durch die Körperfärbung unterscheiden.)*

Besonderheiten: *Der ca. zwischen 20 und 40 cm große typische Tundrabewohner ist ein unermüdlicher Geher und legt am Tag bis zu 20 Kilometer zurück. Die Tiere zeichnen sich, wie alle Schlurchen, durch extreme Kälteresistenz aus. Ihre dicke Fettschicht schützt sie auch noch bei Temperaturen bis zu – 50° C. Das Männchen weist interessanterweise eine genau umgekehrte Tracht zum Weibchen auf: blauer Kopf, roter Rumpf.*
Charakter: *friedfertig, arglos, dümmlich, aufopferungsvoll.*
Geographische Verbreitung: *Sibirien*
Lebensraum: *Weiten der sibirischen Tundra.*
Fortpflanzung: *In den kältesten Monaten bringt das Weibchen ihre zwei Jungen zur Welt. Bis die Frühlingssonne genügend hoch steht, liegt die ganze*

Im späten 19. Jahrhundert waren die Latschen immer seltener geworden. Auf Betreiben des Zarenhofes wurden riesige Treibjagden zum Fangen der letzten Exemplare veranstaltet.

Das gelenkige Männchen klebt mittels seiner Saugnäpfe gern an der Decke der Winterhöhle.

Familie dicht aneinander geschmiegt (nur das Männchen schert gelegentlich aus, siehe Abb.) in einer engen Höhle und zehrt von den sorgsam angehäuften Vorräten.
Nahrung: *ausschließlich vegetarische Kost wie Wurzelknollen, Beeren etc.*

Zar Nikolaus I. Pawlowitsch: berühmt für seine Latschensammlung.

Feinde: *Schneeleopard, die Latschen-Häscher des Zaren.*
Entdecker: *Boris Robert Biegel, zwischen Barabinsk und Surgut, 1863.*

Leider ist die sibirische Latsche wegen ihrer hübschen glatten Lederhaut fast ausgerottet worden. Die farbenprächtigen Latschen der russischen Zaren wurden seit dem 18. Jahrhundert ausschließlich aus ihrem begehrten Leder gefertigt.
Ein Londoner Gazetten-Artikel über das ausgefallene Schuhwerk der russischen Potentaten führte Charles Darwin auf die Spur der sibirischen Latsche. Darwin, der kalte Regionen nicht sehr schätzte, beauftragte seinen Assistenten Bobo Biegel, ein Exemplar zu fangen. Biegel hatte Glück. An einem sonnigen Vormit-

tag, kurz nach seiner Ankunft im fernen Barabinsk entdeckte er ein sibirisches Latschenpärchen.
Die sibirischen Latschen sind sehr liebevoll im Umgang miteinander. Das kräftige Männchen trägt das Weibchen häufig auf den Händen, krabbelt ihr gern stundenlang den Bauch und verwöhnt sie mit delikaten Wurzelknollen.
Biegel, der es nicht über das Herz brachte, das Pärchen zu trennen, fing kurzentschlossen beide Tiere – die absolut richtige Entscheidung. Wird nämlich ein sibirisches Latschenpärchen zwangsweise getrennt, begehen die Partner Selbstmord.

Vergl.:
Marshall, William: Kapitel „Selbstmord bei Tieren", in „Plaudereien und Vorträge", A. Tweetmeyer, Leipzig, vor 1895.
Sowie:
Markus, Imelda: „Vom Sammeln schönen Schuhwerks." Verlag B. Ally, Manila 1986.
Sowie:
Mander, Sally: „Vorrevolutionäre Pantoffelhelden – die Sibirischen Latschen als Opfer zaristischer Prunksucht." G.A.Losche & Erben, Sohlingen 1922.

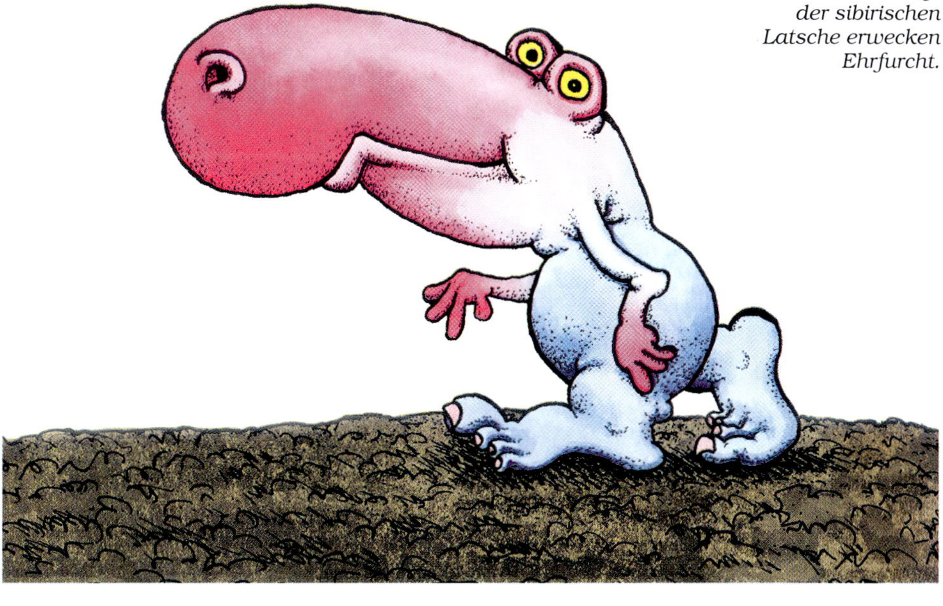

Grazie und Kraft der sibirischen Latsche erwecken Ehrfurcht.

Das Cocos-Nußhörnchen

Cornicula torreya cocoensis

Klasse: *Säugetiere*
Familie: *Nußracker*
Artbestand: *ca. 100*

Besonderheiten: *Von den Einheimischen der Cocos-Inseln wird das Cocos-Nußhörnchen auch als Haustier gehalten, vertilgt es doch gerne kleinere Hausabfälle. In freier Natur ernährt sich der putzige Nager vorwiegend von den Nüssen der Cocos-Nußeibe (Torreya), Kokosnüsse verabscheut es dagegen. Das zutrauliche Tier kennt keine natürlichen Feinde und ist leicht aufzuspüren, da es bei der Torreyanußernte genüßlich schnaubt. Zur Nahrungsaufnahme heftet sich das Hörnchen mit seinem Saugnapf an die Unterseite fleischiger Blätter oder glatter Baumstämme. Nüsse knackt es problemlos mit seinen scharfen Schneidekanten, welche dezent unter den wulstigen Lippen versteckt sind.*
Die Ureinwohner nennen das Nußhörnchen „Torreyana", was übersetzt soviel wie „Knacknuß" bedeutet. Das Märchen von der Knacknuß und der Königsmaus kennt jedes Kind auf der Insel.

Charakter: *zutraulich, bescheiden, reinlich.*
Geographische Verbreitung: *Cocos-Inseln, Indischer Ozean.*
Lebensraum: *Baumgipfel, Hütten, wichtig: eine gemütliche Atmosphäre.*
Fortpflanzung: *Einmal im Jahr kommt das Weibchen mit vier Jungen nieder, die es wochenlang in seinem dehnbaren Saugnapf umherträgt.*
Nahrung: *Nüsse, Brösel, Krümel, Kerne, Nadeln.*
Feinde: *keine.*
Entdecker: *Charles Darwin, Cocos-Inseln 1836.*

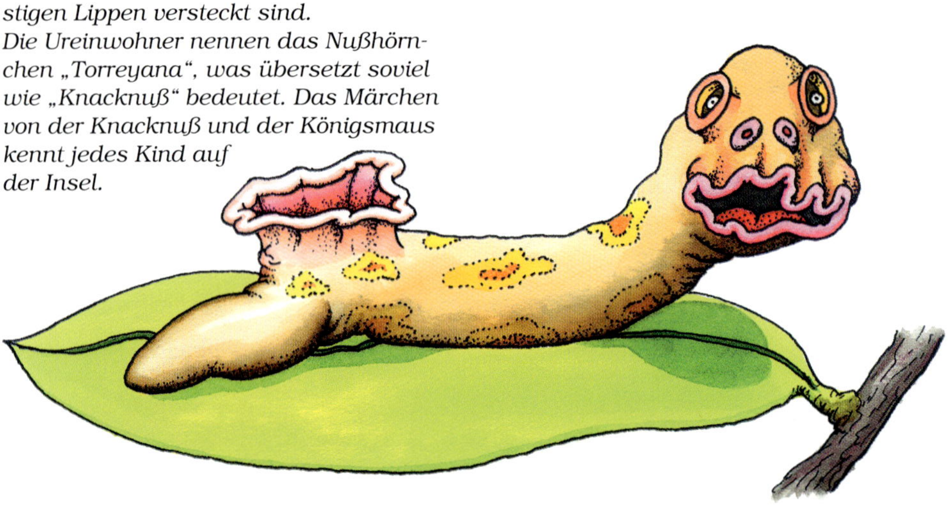

Das friedliche Cocos-Nußhörnchen von den Cocos-Inseln verabscheut Kokosnüsse, wird aber als Haustier von den Einheimischen sehr geschätzt.

Bei der Ernte. Der muntere Nußracker liebt die Früchte der Torreya-Eibe.

Bei einer ausgiebigen Erkundung der Cocos-Inseln fiel ein Cocos-Nußhörnchen Charles Darwin sozusagen in den Schoß, während er und sein Assistent Bobo im Schatten eines Nußbaums rasteten. Ganz offensichtlich war es beim Fressen eingeschlafen, vom Baum gefallen und unversehrt auf Darwins Hose gelandet. Als wäre nichts geschehen, rollte sich das 15 cm lange Hörnchen zusammen und schlief weiter. Seine sanften, knackenden Laute übten eine fast hypnotische Wirkung auf die beiden Forscher aus und vermittelten eine heimelige Hüttenatmosphäre. Darwin nahm das Hörnchen mit an Bord der *Beagle*, wo es an seiner Kabinenwand hing und zufrieden vor sich hinknackte. Bis ans Ende der Reise schlief auch Darwin, der vorher permanent unter Schlafstörungen und Seekrankheit gelitten hatte, ganz hervorragend.
Später lebte das Cocos-Nußhörnchen auf einem Lorbeerbaum im Kinderzimmer von Darwins Anwesen Downe. Nie gab es Probleme mit nächtlichem Kindergeschrei. Vom Säuglingsalter an schlief der Darwinsche Nachwuchs, dank der beruhigenden Töne des Cocos-Nußhörnchens, allnächtlich zwölf Stunden durch.

Vergl.:
Hörstudien zu Op.71 a, 1892 von P.I. Tschaikowsky.
Siehe auch:
Mannhoff, Eta-Maria: „Märchen des Indischen Ozeans“, Hugo Verlag, Hoffmannsthal, 1890.

Die Pessimyste

Mysta argumentum pessimi

Klasse: *Säugetiere*
Familie: *Parasympazien*
Artbestand: *80 Millionen*

Besonderheiten: *Führt wie die Maus ein unterirdisches Leben und ist nur schwer zu fangen. Ihr mehrstöckiger Bau verfügt immer über mehrere Ausgänge: zum Wasser, an die Erdoberfläche und in ein benachbartes Labyrinth. Mit ihren kräftigen langen Krallen kann sie hervorragend graben und ihre Beute zerfleischen. Unerwünschte Besucher erkennt sie mit ihrem fantastischen Riechorgan Meilen gegen den Wind. Droht direkte Gefahr, sondert die Pessimyste aus zwei Drüsen am Hinterkopf ein lähmendes, übelriechendes Sekret aus, welches ein Näherkommen fast unmöglich macht. Zudem ist sie resistent gegen Rauch, Feuer, Kälte und Nässe, schwimmt und taucht vortrefflich und bewegt sich flink wie ein Wiesel.*
Charakter: *depressiv, schadenfroh, gierig.*
Geographische Verbreitung: *weltweit.*
Lebensraum: *Krisenherde, Katastrophengebiete.*
Fortpflanzung: *Die Pessimyste wirft alle drei Monate sieben bis fünfzehn Junge in einer gemütlichen Ecke ihres Baus.*
Nahrung: *Allesfresser, jedoch bevorzugt Aas. Stürzt sich auf blutende Kadaver, verschmäht auch Menschenfleisch nicht.*
Feinde: *Friedenstaube.*
Entdecker: *Maurice Malheur, Bagdad 1876.*

Maurice Malheur (1842–1914), Schoßkind des Pechs.

Eben jenes negative Umfeld, welches Niedergang und Eliminierung der Euphurie verursachte (siehe Seite 23), läßt die Pessimyste geradezu aufblühen. Jeder kleinste Konfliktherd scheint sie magisch anzuziehen und ihren Fortpflanzungstrieb anzuregen. Während der ersten beiden Weltkriege vermehrte sie sich weit über die Grenzen ihrer angestammten Heimat, den ausgedehnten Flußlandschaften des Tigris, hinaus. Heute ist sie in sämtlichen Ländern dieser Welt zu Hause.
Der französische Schriftsteller Maurice Malheur stieß bei Recherchen zu seinem Roman „A la recherche du bonheur perdu" in Bagdad ganz ungewollt auf eine Pessimyste.
Nachdem er, von Taschendieben beklaut und zusammengeschlagen, eines Abends in einer stinkenden Gosse gelandet war, näherten sich ihm zwei kleine, ungemein aufdringliche Tiere. Tagelang wichen sie nicht von seiner Seite, ganz im Gegenteil, an-

gesichts seines Unglücks begannen sie wild zu kopulieren. Verzweifelt und ratlos reiste Malheur zurück in seine Heimatstadt Verdun. Unbemerkt tickte dabei die biologische Zeitbombe: In seinem Gepäck hatte sich eine trächtige Pessymiste eingenistet, die während der langen Rückreise auch noch dreizehn Junge im Koffer gebar. Malheur, den die Unglückstiere bis an sein Lebensende begleiteten, sollte lange Gelegenheit haben, diese zu beobachten.

Nachdem sein Roman abgelehnt worden war, versuchte sich der vom Pech verfolgte Franzose mit naturwissenschaftlichen Publikationen über die Pessimyste*). Der stets gut informierte Darwin hatte davon Wind bekommen, unternahm aber nichts. Er wußte sehr wohl, daß die Be-

*) *Erst in diesem Jahrhundert wurden sie als „Standardwerk des Unglücks" von Prof. Dr. S.K. Pade herausgegeben. Siehe Literaturhinweis.*

Natürlicher Nutznießer von Kriegen, Kämpfen, Katastrophen: Die Pessimyste in ihrem Element.

Das bescheidene Häuschen des Unglücksraben Malheur in Verdun. Genausowenig wie sein Besitzer überlebte es den ersten Weltkrieg.

schäftigung mit so einem Todesboten das Unglück für den Autoren nur verstärken würde. Ihm war klar: der Fall Malheur würde sich bald von selbst erledigen.

Im ersten Weltkrieg wurde Malheurs bescheidenes Häuschen bis auf die Grundmauern zerstört und er selbst unter den Trümmern begraben. Die katastrophenresistenten Pessimysten jedoch überlebten den Angriff unversehrt und vermehrten sich explosionsartig.

Maurice Malheur führte das pessimistische Verhalten der Pessimyste auf länger zurückliegende persönliche Enttäuschungen dieser Spezies zurück. Katastrophen jeder Art, so Malheur, lenken die Pessimyste nicht nur von ihren eigenen Depressionen ab, sie sind zugleich willkommene Bestätigung ihrer grundsätzlich negativen Existenzsicht.

Ein Blick in den Blätterwald der Weltpresse läßt jeden Laien sofort verstehen, warum ein Tier wie die Pessimyste gerade in unserer Zeit so prächtig gedeiht.

Vergl.:
Hagemann: „Die Zeitung als Organismus“, 1950.
Sowie:
Malheur, Maurice: „Vom Unglück in die Katastrophe“, 13 Bde., Hrg. von S.K. Pade, Verlag Sadam, Huss & Hain, Bagdad, 1990.

Die asiatische Schleiche

Lubricus reptens asiae

Klasse: *Säugetiere*
Familie: *Schlurchen*
Artbestand: *ca. 1500 (es gibt neun weitere Unterarten, die sich durch die Körperfärbung unterscheiden.)*

Besonderheiten: *Einzelgänger, nachtaktiv. Gerne teilt sie ihre Ruhestätte mit einem Staat der gelben Feldameise. Als einziges Lebewesen wird sie von den angriffslustigen Kerbtieren geduldet, ja sogar bewacht, da diese sich vom Dung der Schlurche ernähren. Aber auch die Schleiche würde einer Ameise nie etwas zuleide tun. Die ungleichen Tiere leben in harmonischer Symbiose. Zu Familienmitgliedern pflegt die Schleiche keinen Kontakt, außer in Notfällen. Von Geburt an ist sie auf sich gestellt. Trotzdem überleben 90% der Schleichen-Babys. Ein Beweis für die frappante Zähigkeit und Intelligenz dieser Tiere.*
Charakter: *scheu, intelligent, korrekt.*
Geographische Verbreitung: *Japan und das angrenzende asiatische Festland.*
Lebensraum: *Dichtes Buschwerk, Gärten und Wälder.*
Fortpflanzung: *Nimmt ein Ameisenstaat einmal zwei Schleichen unterschiedlichen Geschlechts zur Untermiete auf, kommt es zwischen den beiden im Halbschlaf zur Paarung. Am nächsten Morgen verläßt das Männchen den Unterschlupf und verschwindet. Das Weibchen bleibt zurück und wirft nach nur acht Tagen zwei bis drei winzige Junge. Noch bevor der Nachwuchs die Augen öffnet, macht sich auch das Muttertier davon.*
Nahrung: *Reis, Soja, Ingwer, Kirschblüten.*
Feinde: *Japanische Küchenmeister, Gärtner.*
Entdecker: *Toshi Bah, in den Bergen bei Kyoto 1581.*

Im Usai, dem ältesten japanischen Restaurant Londons. Spezialität des Hauses: Sushi Shai

Bei einem Dinner im einzigen japanischen Restaurant Londons wurde Charles Darwin „Sushi Shai“, die Spezialität des Hauses, empfohlen.

Neugierig erkundigte sich der Gelehrte, mit welchem Fisch dieses Sushi denn zubereitet werde. Über die Auskunft war er mehr als erstaunt. War es doch eine asiatische Schleiche, ein Shai, wie sie in Japan genannt wird. Dieser intelligenteste Vertreter der Schlurchen-Familien schmeckt zwar wie ein Fisch, wird auch so zubereitet, gehört aber zu den Säugetieren, wie übrigens auch die sibirische Latsche (siehe S. 25). Beide weisen einen sehr ähnlichen Knochenbau auf und haben teilweise auch die blaugefärbte Lederhaut an den Beinen gemein.

In Japan erzählt man, daß der Shai seinen Ursprung in Sibirien habe. Darwin und Biegel ermittelten, daß die asiatische Schleiche tatsächlich von der Latsche abstammt. Sie nahmen an, daß einige Latschen aufgrund der starken Bejagung zunehmend trickreicher wurden. Diese mutierte Art bewegte sich nur noch auf Zehenspitzen fort und bemalte ihre Nase mit Lehm, um die russischen Jäger zu täuschen. Allmählich verließen sie ihre sibirische Heimat auf der Suche nach einem sicheren Lebensraum. Nach Jahren der Wanderschaft landete die erste Schleichen-Generation schließlich in Japan.

Der sehr trickreiche Shai ist, im Gegensatz zur sibirischen Latsche, nicht vom Aussterben bedroht. Er ist nur schwer zu fangen, da er ausschließlich im Schutze der Dunkelheit auf Nahrungssuche geht. Mit seinem leichten, lautlosen Schritt auf federnden Zehenspitzen hinterläßt er zudem kaum Spuren. Kommt der Shai doch einmal in gefährliche Situationen, zieht er die Beine ein, tarnt sich als Sandstein und rollt mit rasantem Tempo davon.

Die asiatische Schleiche, intelligent genug, nach Japan zu emigrieren.

Vergl.:
Kaba, Saki: „Kochen mit Subishi", Bonsai & Söhne, Oasaka 1987.
Sowie:
Fuji, Kato: „Shai-to, der weite Weg der weisen Schleiche", Kawa & Sake, Kyoto 1992.

Typisch für die Angehörigen der Schlappschwanz-Familie: Die einzige Funktion des Männchens besteht in der Erziehung des possierlichen Nachwuchses.

Der Schlingen-Schlingel

Furcifer tendicula

Klasse: *Säugetiere*
Familie: *Schlappschwänze*
Artbestand: *knapp 80*

Besonderheiten: *Die Namensbezeichnung des Schlingen-Schlingels leitet sich vom schlingenbewehrten Fangschwanz des Weibchens ab. Das Männchen ist größer und besitzt einen dekorativen, ähnlich langen Schwanz, jedoch ohne die nützliche Lassospitze. Sein prächtiger gelber Körperfortsatz wird stolz von ihm umhergetragen, ist aber zu wenig nutze, außer um Fliegen zu vertreiben oder um vorübereilenden Weibchen freundliche Klapse zu versetzen. Da das Männchen vom Weibchen ernährt wird, bezeichnet man es als Schlappschwanz (Furcifer cauda flaccida). Dies ist auch der Überbegriff für die gesamte Familie.*
Charakter: *träge, genügsam, einsilbig, eitel und tölpelhaft die Männchen; listig, gewandt und unternehmungslustig die Weibchen.*
Geographische Verbreitung: *ursprünglich ganz Großbritannien und Irland.*
Lebensraum: *Laub-, Nadel- und Krüppelwälder, Heidekraut.*
Fortpflanzung: *Der Frühling kündigt den Schlingen-Schlingeln die Paarungszeit an. Im März wirbelt das hormonbeflügelte weibliche Tier ein x-beliebiges Männchen durch die Luft, bis der sonst eher schlaffe Partner in den gewünschten animierten Zustand verfällt.*
Im November bringt das Weibchen nach neunmonatiger Tragzeit in der Regel zwei Babys zur Welt.

Nahrung: *Vogeleier.*
Feinde: *Füchse, Geflügelhalter.*
Entdecker: *Charles Darwin, England 1849.*

Die so harmlos aussehende Schlingen-Schlingel-Frau entpuppt sich bei der Nahrungsbeschaffung als eine raffinierte und gefürchtete Jägerin. Mit ihrem lassoartigen Schwanz, den sie meisterhaft zu schwingen versteht, erweist sie sich als größter Feind freilaufenden Federviehs. Haushühner, Fasane, Truthähne, Enten und sogar Schwäne –

Der possierliche Schlingen-Schlingel-Nachwuchs beim Ausschlürfen eines Hühnereis. Gute Dienste leistet der Schwanz. Erst nach einem Jahr stellt sich heraus, ob die Babys männlich oder weiblich sind.

kein bodennistender Vogel fühlt sich vor ihr sicher. Erstaunlich, denn ihre gefiederte Beute ist meist größer und stärker als sie selbst (Kopfhöhe des Schlingen-Schlingel-Weibchens: bis zu 30 cm).

An dem gejagten Geflügel ist die Schlingen-Häscherin nur sekundär interessiert – sie hat es ausschließlich auf das Gelege abgesehen. Wenn sich die Nestplünderin an einen nistenden Vogel anschleicht, verdeckt sie ihre karminrot leuchtende Nase mit den Pfoten, um nicht entdeckt zu werden. Geschickt wirft sie ihren Lassoschwanz über den Kopf des vor sich hinbrütenden Opfers, zieht die Schlinge abrupt zu und betäubt den Vogel dadurch für kurze Zeit. Flink raubt die Schlingen-Schlingel-Dame dann dessen Eier und verschwindet.

Nur selten sieht man das Männchen aktiv. Am liebsten paradiert der Schlingen-Schlingel vor einigen Weibchen auf und ab, schwingt dabei lässig seinen hübschen Schlappschwanz und bildet sich ein, der Mit-

telpunkt weiblicher Aufmerksamkeit zu sein. Paßt er nicht auf die Kleinkinder auf, tut er sich an der Eierbeute seiner Partnerin gütlich oder schläft tagelang mit Hingabe im Dikkicht. Da die lethargischen und eitlen Schlingen-Schlingel-Männchen ansonsten nicht weiter unangenehm auffallen, werden sie von den stets voll beschäftigten Weibchen meist ignoriert.

Mit dem Bau von Hühnerställen – so vermutet Charles Darwin – wurde begonnen, da die Schlingen-Schlingel kein einziges Hühnerei verschonten. Dies bedeutete auch fast das Todesurteil der Art. Nur besonders anpassungsfähige Exemplare konnten bis heute in Nordwestschottland in kleiner Stückzahl überleben.

Vergl.:
Olga Gassmussen: „Im Zeichen der Schlinge – Erektion durch Rotation. Ungewöhnliche Schlingel-Rituale in Großbritannien.“ P.Wers Verlag, Kopenhagen 1920.

Frühlingsstimmung im März, auch bei den Schlingen-Schlingeln. Das sportliche Balzritual wird hier vom aktiveren Weibchen (stehend) dominiert.

Der peruanische Schlüpfer

Lascivus peruanus glitschii

Klasse: *Säugetiere*
Familie: *Knutschen*
Artbestand: *ca. 10.000*

Besonderheiten: *Der peruanische Schlüpfer kann seine reich mit winzigen Saugnäpfen bestückte Zunge wie ein Chamäleon aufrollen, da er sonst unentwegt über sie stolpern würde. Die prächtige Zunge, welche über einen eindrucksvollen Schleimapparat verfügt, dient ihm auch als Fortbewegungsinstrument, mit dem er erstaunliche Rasanz an den Tag legt. Frappante Geschwindigkeiten entwickelt er auch, wie eine Wüstenspringmaus hüpfend, mit seinen stämmigen Hinterpfoten.*
Charakter: *lustorientiert, höchst anhänglich, schleimig, leicht hinterhältig.*
Geographische Verbreitung: *westliches Südamerika, besonders Bolivien und Peru.*
Lebensraum: *feuchte Niederungen des Altiplano, Uferzonen Andiner Seen ab 3.000 m über dem Meer.*
Fortpflanzung: *Ursprünglich versetzten nur wildentzückte Schreie einer auserwählten Schlüpfer-Dame das Knutschen-Männchen beim Paarungszeremoniell in die richtige Befruchtungsstimmung. Dafür heftete sich der Schlüpfer ganz unvermittelt mit Zunge und Lippen an den fleischigen Körper seiner Paarungskandidatin und löste damit bei ihr die gewünschten schrillen Juchzlaute aus. Doch die Weibchen der eigenen Gattung fanden die Saugattacken ihrer Partner*

Ein Bild aus glücklichen Tagen: Ado Glitsch (1836 – 1922) nach dem Scheitern seiner Ehe.

zusehends langweiliger und wurden des hysterischen Kreischens überdrüssig. So mußten sich die Schlüpfer-Männchen neue Opfer suchen, die zumindest laut und schreckhaft auf ihre schlüpfrigen Avancen reagierten, Wesen also, die als eine Art „Paarungskatalysator“ dienen konnten. Solche fanden die peruanischen Schlüpfer in der Quechua- und Aymara-Bevölkerung rund um den Titicaca-See. Das schrille Gellen erschreckter indianischer Wäscherinnen entsprach am ehesten dem Geschmack der hormongetriebenen Schlüpfer-Herren. So dürfte das Anfallen von Menschen bei diesen ungewöhnlichen Tieren als biologisch bedingter Umweg im Liebesvorspiel interpretiert werden.
Nahrung: *Allesfresser, jedoch bevorzugt Schweiß, Tränen, Totora Binsen, Insekten und kleines Getier.*
Feinde: *Kondor, Riesenfrösche.*

Entdecker: *Ado Glitsch, bei Pomata auf der peruanischen Seite des Titicaca-Sees, 1862.*

Auf einer Reise durch die Anden Perus und Boliviens stieß der deutsche Geologe Ado Glitsch rein zufällig auf den legendären peruanischen Schlüpfer. Indianische Wäscherinnen zeigten „Don Ado" den mausgroßen Unhold, welchen sie „resbalador incaico" (Inka-Schlüpfer) nannten.

Gern versteckt sich der Lascivus peruanus glitschii in frisch gewaschener Wäsche: Wird sie aufgehängt, schnellt der Schlüpfer unversehens aus dem Weißzeug an den Hals der perplexen Wäscherin. Mittels zahlreicher Zungensaugnäpfe heftet er sich blitzschnell an die nackte Haut. Wird er gewaltsam weggerissen, bleibt ein dicker Knutschfleck zurück. Vor allem bei verheirateten Frauen führt dies zwingend zu Ehekrach und Krisen (bis heute gilt die südamerikanische Indiobevölkerung als höchst konservativ und sittenfest). Glitsch ahnte, daß auch seine Ehe durch einen peruanischen

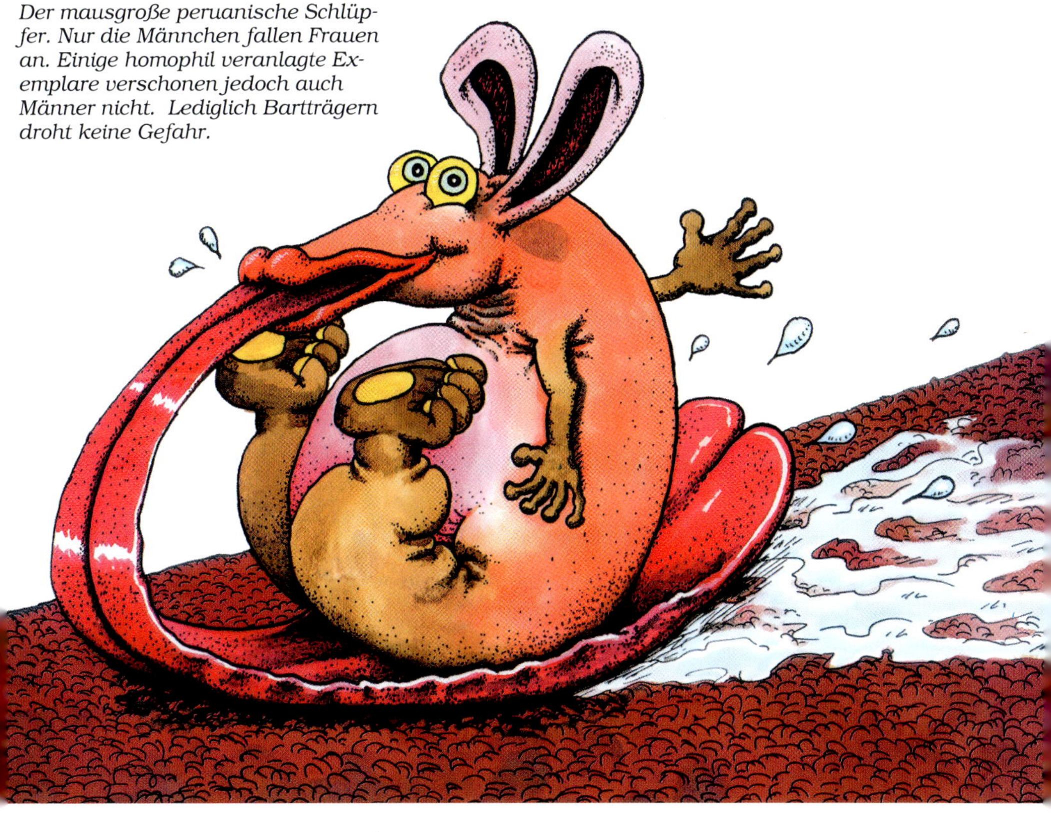

Der mausgroße peruanische Schlüpfer. Nur die Männchen fallen Frauen an. Einige homophil veranlagte Exemplare verschonen jedoch auch Männer nicht. Lediglich Bartträgern droht keine Gefahr.

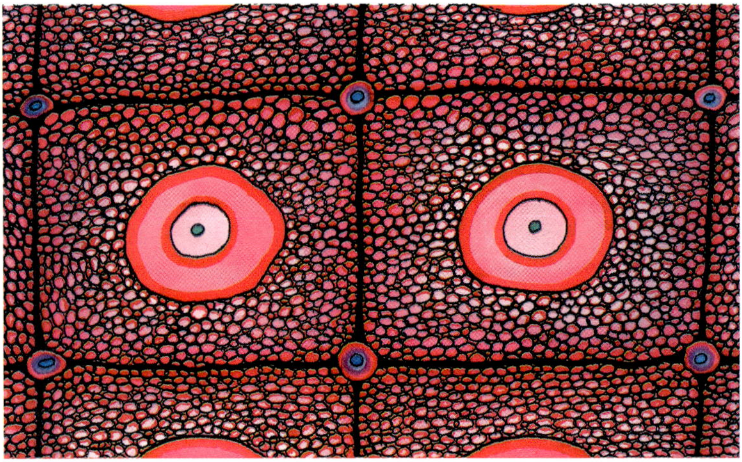

Detail-Ausschnitt Zunge (1:50): deutlich erkennbar die runden Saugnäpfe zwischen den Papillen. Rasterförmig angeordnete Schleimdrüsen (blau) sorgen für die notwendige Schlüpfrigkeit.

Schnitt durch die Zungenoberfläche: Unter Nerven- und Muskelschichten liegen die Schleimdrüsen (blau). Die sensiblen Papillen leiten über verzweigte Nervenstränge (rot, blau und grün) selbst die geringsten Wahrnehmungen an das Hirn weiter.

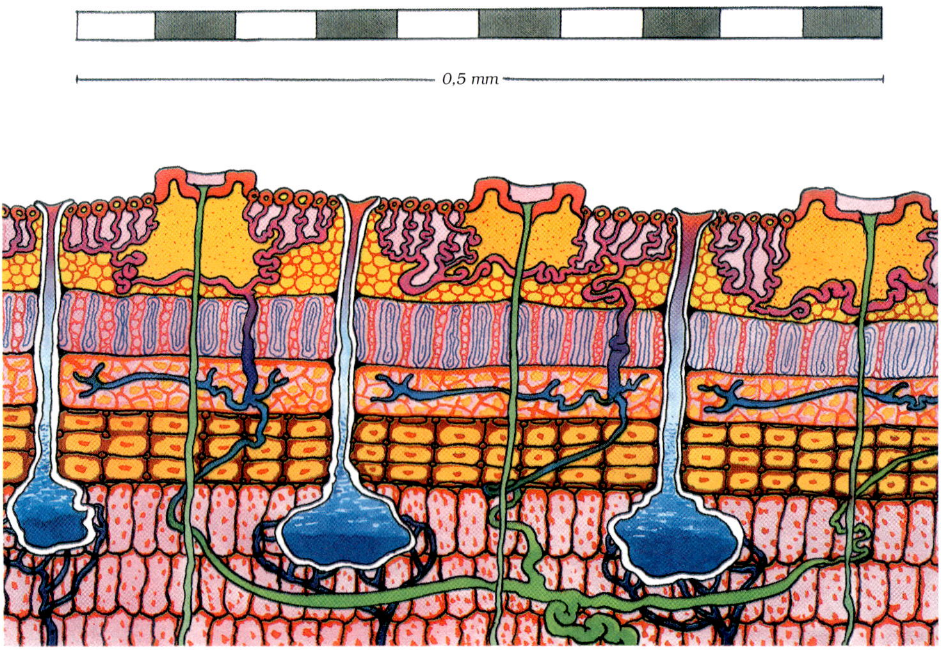

Schlüpfer ruiniert werden könnte. Der unglücklich verheiratete „Don Ado“ nahm daher gleich acht Schlüpferpärchen heimlich nach Deutschland mit. Einmal in Bremerhaven auf das Festland entkommen (Februar 1868), drang der possierliche Schlüpfer und Knutschfleckverursacher bis in die letzten Winkel der Alten Welt vor. Peinlich für Herrn Glitsch, der zwar die Scheidung erreichte, aber fortan über seinen zoologischen Import ungern sprach.
1872 wurde das Londoner Hausmädchen Shirley Sheasser von einem peruanischen Schlüpfer unsittlich attackiert und verkündete: „Ich kenne das Schwein, es ist ein Tier.“ Auf Betreiben Darwins erschien jedoch keine einzige Meldung darüber, das Schlüpfer-Outing konnte in letzter Minute verhindert werden.
Über zwei Jahre (1869 – 1871) hatte sich Darwin mit Schlüpfern aller Art befaßt und in einem entfernten Verwandten, dem zentralafrikanischen Paradiesschlüpfer, verblüffende Hinweise auf einen möglichen Vorfahren des Menschen gefunden. Die Schlüpfer, so schrieb der Gelehrte, „...haben in der Geschichte der Erde eine bedeutungsvollere Rolle gespielt, als die meisten auf den ersten Blick annehmen dürften.“*)

**) Johannes Hemleben, „Darwin“, rororo Bildmonographien, Hamburg 1968 , S. 132*

Vergl.:
Saliva, Ida: „El Resbalador Incaico, un fenómeno misterioso“ Lenguado & Hrns., Lima 1894.
Sowie:
Sheasser, Shirley: „I know what I saw“, Shlaym & Shicer, London 1874.

Wunder der Evolution und hochspezialisiertes Mehrzweckwerkzeug: die bis zu 35 cm lange Zunge des peruanischen Schlüpfers (Details siehe S. 42).

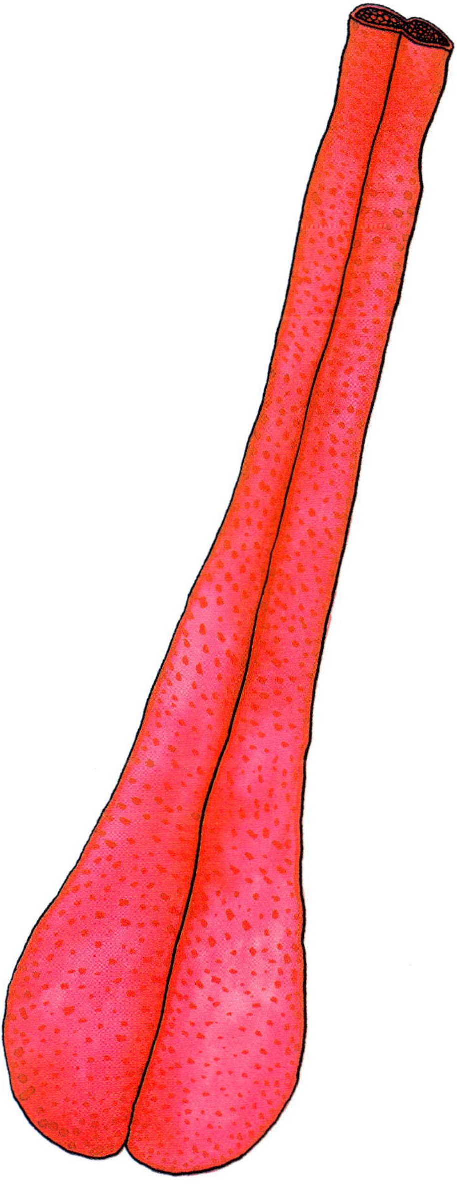

Das Stachelschwein

Sus speculi occidentalis

Klasse: *Säugetiere*
Familie: *Rennsäue*
Artbestand: *ausgerottet*

Besonderheiten: *Glatte, auffallend rosa gefärbte Lederhaut, wenig Borsten, kräftiges Gebiß. Der riesige, innen hohle Stachel (Spinus rectalis) war so hart und widerstandsfähig wie Elfenbein. Als gefährliche Waffe bildete er den natürlichen Ersatz für Hauer. Bei besonders kapitalen Ebern erreichte der Stachel bis zu 90 cm(!), bei den Weibchen nur maximal 40 cm Länge.*
Charakter: *aggressiv, einfältig, eifersüchtig.*
Geographische Verbreitung: *Nordwestliches Nordamerika bis westliches Südkanada.*
Lebensraum: *grasige Hügellandschaften, Savannen und Sümpfe.*
Fortpflanzung: *Der Paarungsakt brachte das Männchen in höchste Lebensgefahr, da es häufig von dem Stachel des*

Das Stachelschwein, einst Zierde des amerikanischen Nordwestens.

Weibchens aufgespießt wurde. Nur 20% überlebten. Dafür warfen die Weibchen bis zu zwölf Frischlinge, was den Verlust wieder wettmachte. (Zu Mischehen der Stachel-Eber mit Gürteltierweibchen siehe „Das Gürteltier“, S. 69).
Nahrung: *Allesfresser.*
Feinde: *Puma, Wolf, Homo sapiens*
Entdecker: *Pelzjäger Clint Westwood, Montana 1828.*

Dr. T. Rappers Referat „Stachelschweine, Gürteltiere und Gürtelschwein-Bastarde im westlichen Nordamerika“ hatte man in der „Association“ als Wissenschaftsknüller angekündigt. Sogar der kränkelnde Darwin war eigens dafür angereist. „Nichtsdestoweniger lag Skepsis in der Luft, als im Sommer 1860 die British Association for the Advancement of Science zu ihrer Jahresversammlung in Oxford zusammentraf.“*)
Dr. Rapper ging der Ruf voraus, endlose und sterbenslangweilige Vorträge zu halten – doch diesmal übertraf er selbst die schlimmsten Erwartungen. Während seiner vierstündigen Ausführungen gelang es ihm, das gesamte Auditorium in Tiefschlaf zu versetzen, und schon bei der Lebensraumbeschreibung des Stachelschweins weilte Darwin im Reich der Träume. So verschlief der Gelehrte buchstäblich die Existenz zweier höchst bemerkenswerter Tiere, die er daher auch unerwähnt ließ.
Die flinken, bis zu 130 kg schweren Stachelschweine galten als ungemein wendig und schwer zu jagen. Trotz ihrer kurzen Beine entwickelten sie erstaunliche Geschwindigkeiten. Beim Stachelschweinsgalopp nahmen es nur die feurigsten Mustangs an Ausdauer mit ihnen auf. Noch um 1840 begleiteten zahllose Stachelschwein-Rudel die riesenhaften Büffelherden über die weiten Grasländer des nordamerikanischen Westens. Ein wahrhaft prächtiger Anblick. Gernästen die rosa Stachler im Schutz der mächtigen Rinder. Ihre Lieblingsspeise waren jedoch Wurzeln, die sie ständig mit ihrem mächtigen Schwanzstachel hervorwühlten. Gelegentlich blieben sie dabei tief im Boden der Prärie stecken, eine leichte Beute für Wölfe und Indianer.
In der Brunftzeit (Februar bis Dezember) lieferten sich die Eber heftige Kämpfe, bei denen es um Territorien und einen möglichst großen Harem ging. Untereinander fochten sie mit ihrem kräftigen Schwanzfortsatz stundenlange Duelle aus. Kam ein Reiter, Wandersmann oder Büffel dem Männchen in der Paarungszeit zu nah, ging dieses sofort zum Angriff über. Der liebestolle Stachel-Eber vermutete in ihm einen männlichen Brunft-Konkurrenten. Rückwärtsstoßend versuchte er den vermeintlichen Angreifer zu erlegen.
Den tapferen Cheyenne-Indianern galt das angriffslustige Stachelschwein als heilig. Ehrfurchtsvoll nannten auch die benachbarten Sioux den rosafarbenen Präriebewohner „Hakataku tatanka iniowaspe hunkayapi“, was so viel bedeutet wie „Rosenfarbiger Bruder des Büf-

**) Ronald W. Clark, „Charles Darwin“, Fischer Verlags GmbH, Frankfurt, Main 1985 S. 173.*

fels, der mit gewaltiger Schwanzspitze zu kämpfen und zu wedeln vermag und Zaubergruben gräbt". Die Sioux und Cheyenne zeichneten ihre verdientesten Krieger mit dem kostbaren Stachelhorn des wehrhaften Schweins aus.

In den Tagen des Wilden Westens, verstärkt ab 1848/49, wurde das gefährliche Stachelschwein zunehmend von den Weißen überjagt. Die Pioniere sahen in dem Tier ihren natürlichen Feind, da es die Felder zerwühlte, in Vorratskammern einbrach und Rinder attackierte. Die Angloamerikaner nannten den wehrhaften Schädling „spiny pink pork". Nicht nur zur landwirtschaftlichen Schadensbegrenzung und wegen seines schmackhaften Fleisches stellte man dem Stachelschwein erbarmungslos nach: Das Horn war auch für die Einwanderer eine heißbegehrte Trophäe, die man in Saloons und Siedlerhäusern stolz zur Schau stellte. Die auffälligen, rosaroten Stacheln wurden bevorzugt zu nützlichen Gebrauchsgegenständen wie Hut- oder

Desaster in der Prärie: wieder drei Stachelschweine verunglückt!

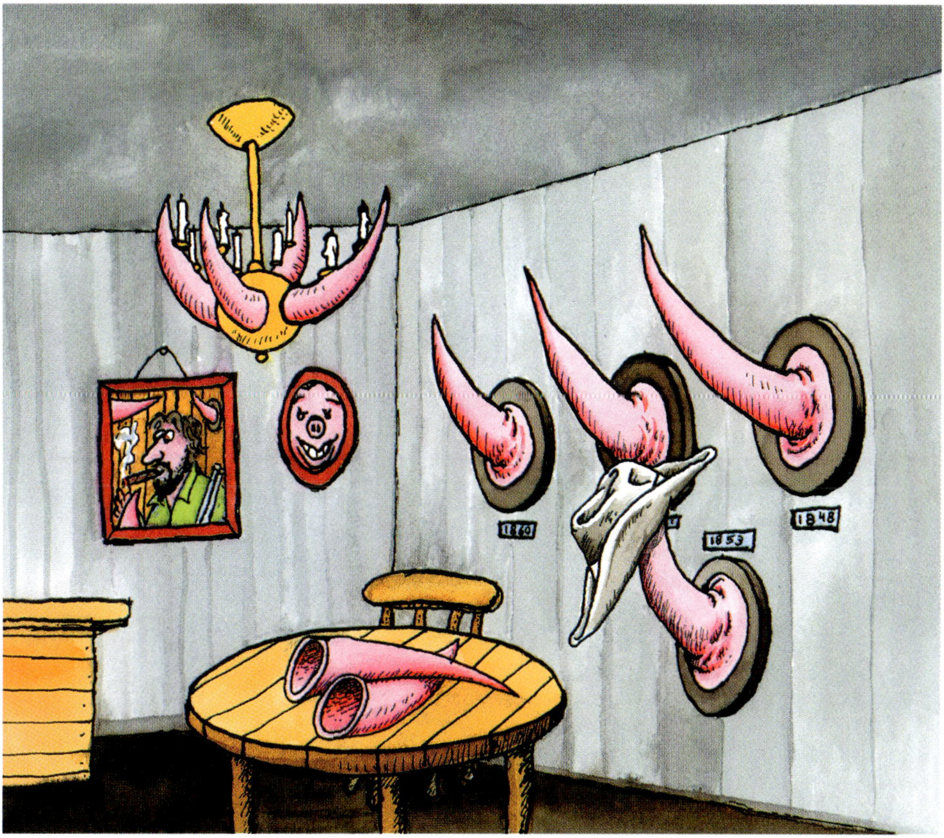

Wyoming 1860: Stachelschweintrophäen schmücken den Saloon „Porky's Spine". Besonders nützlich, wenn auch von zweifelhaftem Geschmack, der Huthaken.

Kerzenhaltern verarbeitet, die wegen ihrer pompösen Formate allerdings etwas protzig wirkten.

Stachelschweinhörner waren so lange en vogue, bis sich Ende des 19. Jahrhunderts der Zeitgeschmack wieder einmal änderte. Doch da war es für den rosigen Trophäenträger schon zu spät. Das Stachelschwein, einst Zierde der endlosen nordwestamerikanischen Weiten, war von hungernden Reservats-Indianern, schießwütigen Pionieren und skrupellosen Stachel-Jägern so stark dezimiert worden, daß auch eine traurige Restgruppe im Yellowstone Park die Jahrhundertwende nicht mehr erlebte.

Vergl.: Mayo, Carlos: „Pork und Pein, das Ende einer Art."
Rade & Boyl Verlag, Dresden 1899.

Die tropische Trete

Treta treta

Ausgestorben: Die tropische Trete, ein ökologischer Unhold.

Klasse: *Säugetiere*
Familie: *Trampel*
Artbestand: *ausgestorben*

Besonderheiten: *Noch um 1875 sollen einheimische Stämme Zentralafrikas von tropischen Treten in den Urwald getrampelte Schneisen als Pfade benutzt haben. Der wüste, bis zu 12 Zentner schwere Öko-Unhold pflegte ganze Wälder niederzuwalzen. Die Trete starb Ende des letzten Jahrhunderts aus.*
Charakter: *brutal, temperamentvoll.*
Geographische Verbreitung: *Zentralafrika.*
Lebensraum: *tropische Wälder.*
Fortpflanzung: *ungeklärt.*
Nahrung: *Laub und Holz.*
Feinde: *keine bekannt.*
Entdecker: *David Lebendstein, Zentralafrika, 1870.*

Bekanntlich hielt Darwin immer wieder namhafte Forscher durch Bestechungsgelder davon ab, Tiere bekannt zu machen, die nicht in seine Evolutionstheorie paßten. Leider erwiesen sich nur zu viele Koryphäen als schnöde käuflich. Doch es gab auch Ausnahmen: Der österreichische Naturkundler und Expeditionsleiter Dr. David Lebendstein (1813 – 1873) weigerte sich hartnäckig, auf Darwins finanzielle Avancen einzugehen. Er wollte die tropische Trete, die er in Zentralafrika entdeckt hatte, partout nicht verschweigen. Just als er sich an ihre Veröffentlichung machte, verunglückte er auf einer geologischen Exkursion nahe dem englischen Dover. Bei gewagten Klettermanövern an den berühmten weißen Klippen stürzte er in den Tod. Aus nie geklärten Gründen riß sein Seil.

Vergl.:
Schwarzenegg, E. R. „Nur der Fitteste überlebt, der Fall Lebendstein“, Krafft Verlag, Graz 1923.
Sowie:
Stanley, H.: „Vermutungen zu Lebendstein“, Udjidji Press, Lusaka 1871.

Das nächtliche Unwesen

Nocturna consuetudo mala nachtschattiae

Klasse: *Säugetiere*
Familie: *Kammikatzen*
Artbestand: *ca. 700, zunehmend*

Besonderheiten: *Angsterregend die teuflischen Augen und das gefährliche Gebiß mit seinen zwei messerscharfen Fangzähnen! Kurz bevor das nächtliche Unwesen angreift, zieht es sich stark zusammen, um mit einem gewaltigen Satz sein Opfer anzufallen.*
Ihr tiefes Röhren und schauriges Fauchen läßt auch dem abgebrühtesten Naturbeobachter das Mark in den Knochen gefrieren. Die gefährlichen, pfeilschnellen Bestien werden bis zu 150 cm groß und leiden ständig unter Heißhunger. Problemlos erlegt das nächtliche Unwesen einen erwachsenen Menschen, den es innerhalb von Sekunden vertilgen kann. Einmal satt, meuchelt es gern aus reiner Raublust weiter. *(Siehe auch: Der Müllschlucker, S. 73).*
Charakter: *blutdürstig, humorlos.*

Das Weibchen, ohne Rüsselkralle, zusammengezogen und bereit zum tödlichen Angriff.

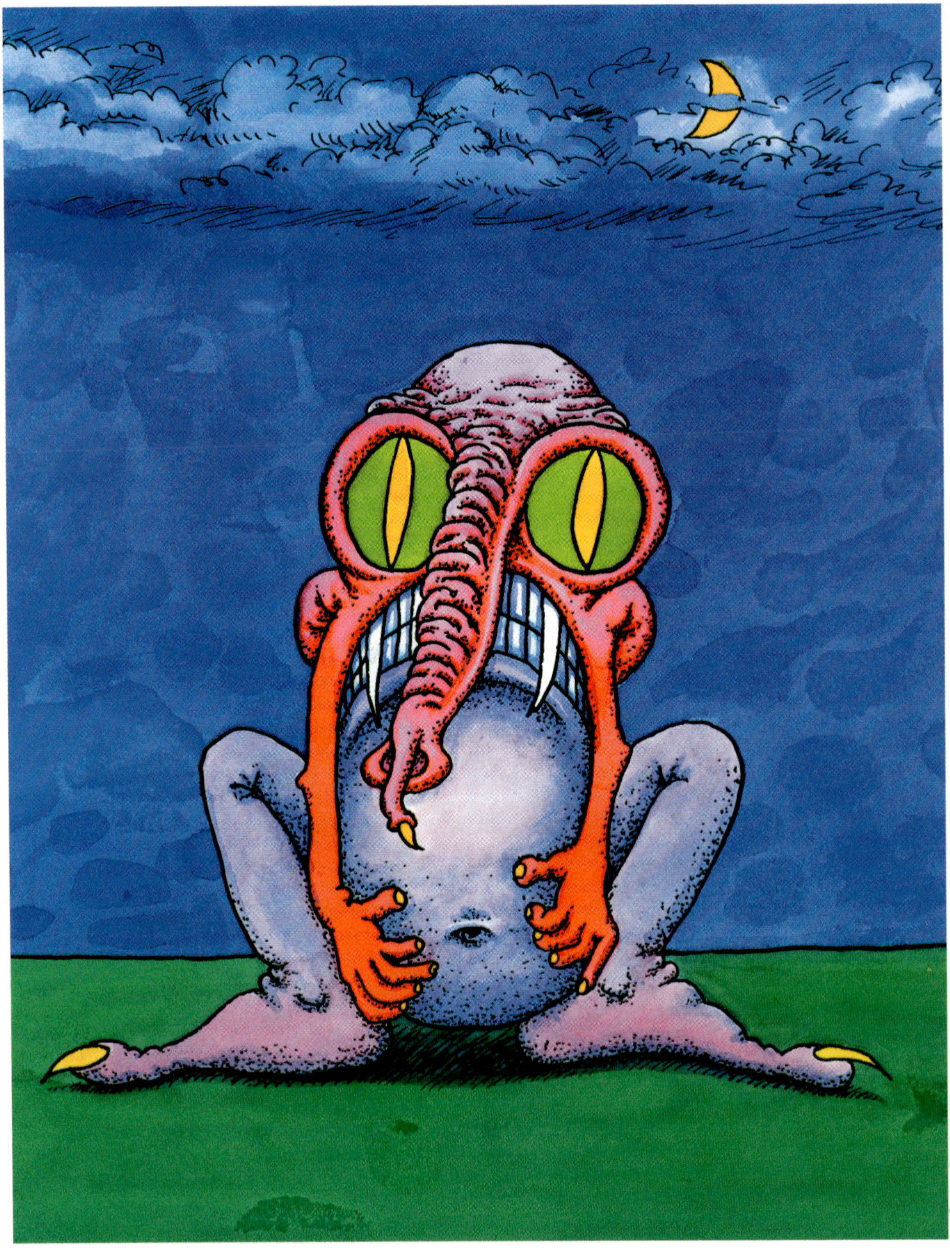

Das Männchen des nächtlichen Unwesens in Lauerstellung. Zu beachten die geschlechtscharakteristische Kralle am schrecklichen Fangrüssel.

Geographische Verbreitung: *weltweit.*
Lebensraum: *Treibt sein Unwesen in dunklen Gassen und Parkanlagen.*
Fortpflanzung: *Das Weibchen wirft alle zwei Jahre ein Junges. Da die Eltern nicht selten ihren eigenen Nachwuchs verschlingen, hält sich der Bestand in Grenzen.*
Nahrung: *Fleischfresser, bevorzugt Menschen.*
Feinde: *Recht- und Ordnungshüter aller Art, Kannibalen.*
Entdecker: *Nally Nachtschatt, London 1874.*

Dr. Nally Nachtschatt (rechts) in vorgerücktem Alter. Hier mit ihrer schwedischen Kollegin Dr. Olga Gasmussen (links) bei der Feldforschung.

Mit untrüglichem Instinkt für Bluttaten und potentielle Mordlokalitäten lauern die „urbanen Piranhas“ gezielt auf Beute. Kommt der nachtschwärmerische Unhold dabei einem herkömmlichen Mörder in die Quere, schnappt sich der blutrünstige Räuber umgehend dessen unglückliches Opfer. Gegenüber dem „hominiden Mordkonkurrenten“ verhalten sich die wahllos wütenden Wüstlinge wenig solidarisch: er wird gleich mit verspeist. Das Hauptkriterium für die Beutewahl scheint transpiratorischer Natur zu sein. Nally Nachtschatt wies nach, daß die heftigen Angstschweißausbrüche der Angegriffenen das nächtliche Unwesen anlocken und besonders erregen. Der New Yorker Mafia gelang es, einige nächtliche Unwesen zu domestizieren. Die mafiosen Neuzüchtungen werden nach einer kurzen Dressurphase gezielt auf die Gegner der gefürchteten Verbrecherorganisation losgelassen. FBI und Interpol versuchen bis heute vergebens, das nächtliche Unwesen der Mafia in den Griff zu bekommen.

Dr. Nally Nachtschatt wies schon vor hundertzwanzig Jahren ausdrücklich auf die drohenden Gefahren durch das nächtliche Unwesen hin. Bedauerlicherweise taten die zuständigen Behörden die Warnungen der schwedischen Gelehrten hartnäckig als unwesentlich ab. Das war kein Zufall, die zuständigen Beamten hatten nämlich bei Darwin eine diesbezügliche Expertise eingeholt. Dem Forscher war dabei aufgefallen, daß er das Unwesen übersehen und nie erwähnt hatte, ein peinlicher Fauxpas. Kurzerhand bezeichnete Darwin Frau Nachtschatt als „sensationslüsterne Klatschbase“, die sich lediglich mit erfundenen Horrorgeschichten wichtig tun wollte. Damit war der Fall für ihn erledigt.

Vergl.: Lansky, Meyer: „Das wahre Wesen des Unwesens“, Batista & Söhne, Havanna 1958.
Sowie:
Nachtschatt, Nally: „Phänomene in nächtlichen Gassen“, 12 Bde., G. Rusel Verlag, Stockholm 1905.

Der züchtige Zuhälter

Comprimator pudicus vaticanicus

Im Zeichen der Krise: Ab 1870 verfärbten sich die Hände und zeigten wieder in ihr angestammtes Gelb.

Klasse: Säugetiere
Familie: Ortodochsen
Artbestand: ausgestorben

Besonderheiten: maximale Höhe stehend: 7 cm, ausgestreckt vom Schwanzende bis zur Schnauzenspitze: maximal 13 cm. Nur die als verschwiegen geltenden Männchen wurden als Arbeitstiere gehalten. Die kleineren, einfarbig gelbgetönten Weibchen dienten ausschließlich Zuchtzwecken. Erstaunlich ist das Gehirnvolumen der lichtempfindlichen Männchen, die zu den intelligentesten Vertretern der Ortodochsen-Familie gehören (siehe Abb. S. 53).
Charakter: zurückhaltend, devot, korrekt und verschwiegen. Kurz vor seinem jähen Ende: aufmüpfig, kritisch und frech.
Geographische Verbreitung: Ehemals Vatikan, Rom.
Lebensraum: Warme, dunkle Schlupflöcher wie Beichtstühle oder Gebetsnischen sowie verborgene Winkel in den vatikanischen Archiven und Bibliotheken.
Fortpflanzung: Im Dezember warf das Weibchen zwei bis drei Junge in ein kunstvoll mit Speichel zusammengeklebtes Nest aus Oblaten. Auf sieben geborene Weibchen kam nur ein männliches Tier. Diese zeigten noch dazu häufig homosexuelle Neigungen, ein fataler Umstand, der ihr Aussterben mitbegünstigte.
Nahrung: Oblaten, Eier, Passionsfrüchte, Meßwein, Wachskerzen und andere leichte Fastenspeisen.
Feinde: Tasmanischer Teufel, ab 1870 die Sicherheitskräfte des Stuhles Petri.
Entdecker: erste wissenschaftliche Beschreibung durch den Jesuitenpater David, 1867, Vatikan, Rom.

Spekulationen zufolge soll der züchtige Zuhälter zu Beginn des frühen Mittelalters in den vatikanischen Geheimarchiven aufgetaucht sein. Gesichert ist seine Existenz seit der Zeit Papst Alexanders VI. (1492–1503), der daher in gewissen Kreisen auch als der „Zuhälterpapst“ bezeichnet wurde. Nach dem 1. Vatikanischen Konzil (Vaticanum I, 1869–1870) verliert sich seine Spur. Soweit den Biegelschen Aufzeichnungen von 1871 zu entnehmen ist, „... wurde der züchtige Zuhälter als einziger der ohnehin raren Maulsperren-Gattung aus der Ortodochsen-Familie in der Vatikanstadt über Jahrhunderte insgeheim gezüchtet. Speziell für die kostbaren Wesen eingerichtete Kabinette beherbergten ganze Zuhältersippen.“

(Siehe: Biegel Nachlaß, Manuskript 17b, Kiste II)

Seine Fähigkeit, lateinische Texte unfehlbar aufzunehmen und auch nach Jahren wortwörtlich mit klarer Stimme wiederzugeben, machten den Zuhälter zum unentbehrlichen Botschafter des päpstlichen Geheimdienstes. Hatte er einmal eine Top-secret-Information gespeichert, hielt er automatisch mit den kräftigen Vorderpfoten sein Maul zu, ohne den obligaten priesterlichen Befehl „Maul halten!“ abzuwarten. Erst nachdem er durch ein Losungswort von seiner Schweigepflicht entbunden war, repitierte der züchtige Zuhälter den gespeicherten Text. Diesen löschte er allerdings nach einmaligem Wiederholen für immer aus seinem Gedächtnis. Die cleveren Tiere wurden nicht nur innerhab der „Città del Vaticano“ als Geheimnisträger eingesetzt, sondern auch im weltweit verzweigten Kommunikationsnetz der katholischen Kirche. Auf ihren geheimen Missionen im Dienste des Papstes versteckten die Wandermönche den „animalischen Nuntius“, wie die Klerikalen ihn scherzhaft zu nennen pflegten, unter ihren weiten Kutten. Das System schien perfekt.

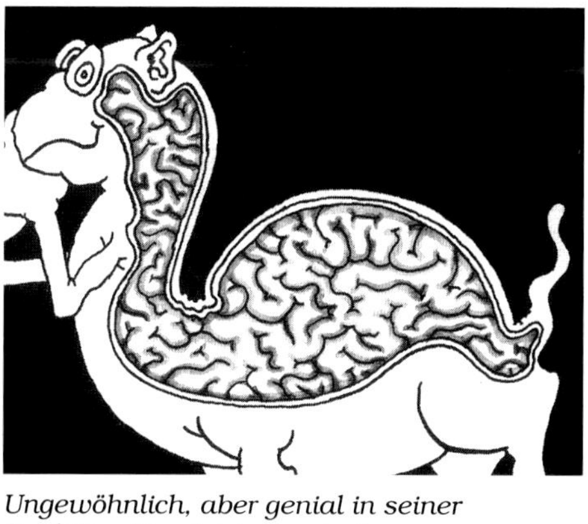

Ungewöhnlich, aber genial in seiner Funktion: Das leistungsstarke Gehirn des Zuhältermännchens reicht bis in den Rumpf.

Ein besonders hübsches Merkmal der einzigartigen Spezialzüchtung „züchtiger Zuhälter“ war ihre mutierte Handfarbe: Für Maulsperren und andere Ortodochsen-Unterarten gänzlich untypisch, färbten sich die ursprünglich gelben Greifwerkzeuge kardinalrot – ohne Frage eine Folge des angestrengten Zuhaltens. Mit Beginn des Jahres 1870 zeigte sich allerdings an den Pfoten ein rückläufiger Farbverlauf in das angestammte Gelb (siehe Abb. S. 52).

Zudem machte sich unvermittelt ein abartiges Verhalten bei den einst so züchtigen Tieren bemerkbar: Die delikaten vatikanischen Botschaften wurden von den Zuhältern nicht mehr korrekt übermittelt. Als noch viel schlimmer und folgenreicher entpuppte sich eine weitere Unsitte. Zum Entsetzen der Geistlichen begannen etliche Zuhälter plötzlich, die bereits erstellten päpstlichen Beschlüsse und Verordnungen mit unverschämten Bemerkungen von ausgesprochen antiklerikalem Charakter zu garnieren. Konsequenterweise führte dies zu fatalen Mißverständnissen und Irrtümern, unter denen die Kirche bis heute zu leiden hat. Biegel folgert: „Mit der Weitergabe der Inhalte des Vaticanum I waren die Tiere ganz eindeutig überfordert."

(Siehe: Biegel Nachlaß, Manuskript 17 b, Kiste II)

Da half keine Absolution und kein Beten zu St. Pauli. In einer Säuberungsaktion, wie sie seit den schlimmsten Tagen der Inquisition nicht mehr praktiziert worden war, räumten die Schergen des Papstes mit den aus der Art geschlagenen Tieren auf. Wie so viele vor ihnen, endeten sämtliche züchtige Zuhälter, einst der Stolz des vatikanischen Geheimdienstes, auf dem Scheiterhaufen.

Ein gewisser Pater Nosta S. J., selbst insgeheim ein überzeugter Evolutionist, hatte Darwin und Biegel 1870 unter dem Siegel der Verschwiegenheit von dem intelligenten Wunderwesen berichtet. Zu gern hätte Darwin, nicht zuletzt wegen seiner antipapistischen Einstellung, wenigstens einen Zuhälter näher untersucht. Das gelang ihm aber nie, was den für Zuhälterfragen zuständigen Stellen im Vatikan zu tiefer Befriedigung gereichte. Aus Loyalität zu Nosta, seinem klerikalen Gesinnungsgenossen und Informanten, ging Darwin nie mit dem züchtigen Zuhälter an die Öffentlichkeit.

Vergl.: Selig, Roman: „Beten zu St. Pauli", Reeper und Bann Verlag, Hamburg, 1872. Sowie: Mandel, Gregor: „Zuhälterzucht und biologische Ordnung - vom Geheimnis züchtiger Gene", Verlag Kietz & Söhne, Frankfurt 1969.

Der alpine Harschkriecher

Adulator nivis duri messweineri

Klasse: *Reptilien*
Familie: *unbekannt*
Artbestand: *ausgestorben, nur eine Mumie erhalten.*

Besonderheiten: *Die Hornhaut an der Körperunterseite des mumifizierten Exemplars läßt vermuten, daß der Harschkriecher einst auf Eis und Harsch dahinrutschte. Biegel bezeichnete ihn als „präzivilisatorischen Rodler" und versuchte seine Fortbewegungsart mit einer Skizze zu rekonstruieren. Gut erhalten ist die Schleimdrüse, welche mittels schmieriger Sekrete das Schliddern auf scharfkantigen Felsen ermöglichte. Auch muß der Harschkriecher mit den fleischigen Flügeln Flatterfähigkeiten besessen haben. Seine langen, über die Schwingen gezogenen Ohren geben zu der Vermutung Anlaß, daß er über ein erstklassiges Gehör verfügte.*
Charakter: *unbekannt, möglicherweise schleimig.*
Geographische Verbreitung: *vermutlich der Alpenraum.*
Lebensraum: *höchstwahrscheinlich verharschte Schneeflächen und Gletscher oberhalb 1.500 m.*
Fortpflanzung: *unbekannt.*
Nahrung: *Dem beißkräftigen Schnabel nach zu urteilen: Allesfresser. Im Magen wurden Eierreste, Haare, Getreidekörner und Vogelfedern gefunden.*
Feinde: *unbekannt.*
Entdecker: *Reinhold Messwein, Am Similaun Gletscher, Österreich 1855.*

Mit dem exzentrischen englischen Lord Lickspittle und dessen bildhübscher Geliebter Wally Gayer bestieg der damals hochberühmte

Die glänzend erhaltene Mumie des alpinen Harschkriechers. Zu beachten: die fleischigen Flatterschwingen und die darübergezogenen Ohren.

Bergführer Reinhold Messwein 1855 den Similaun Gletscher der Ötztaler Alpen. Unterhalb des Gipfels, dort, wo der Gletscherrand von warmen Föhnwinden geschmolzen war, stieß Messwein in 3.210 Meter Höhe plötzlich auf eine uralte Tiermumie, die das Eis wenige Stunden zuvor freigegeben hatte. Das befremdliche Wesen, ein längst ausgestorbener Harschkriecher, zeigte einen glänzenden Erhaltungszustand. Dies begeisterte besonders Lord Lickspittle, dessen Vorliebe für biologische Kuriositäten in Großbritannien sprichwörtlich war. Der abenteuerhungrige Messwein interessierte sich hingegen weit mehr für den halsbrecherischen Steilhang zum Gipfel als für seine ungewöhnliche Entdeckung. Großzügig überließ er Lickspittle das mumifizierte Exemplar.

Wieder in England, suchte der Lord umgehend Charles Darwin auf, der ihm die Harschkriechermumie mit dem Versprechen abschwatzte, eine Monographie über den raren Fund zu verfassen. Der Forscher hatte sofort erkannt, daß dieses Geschöpf, dessen Alter er auf ca. 5.000 Jahre schätzte, eine Rarität ohne Parallele

Schliddernder Harschkriecher; hier die vermutete Fortbewegungsart des präzivilisatorischen Rodlers. Rekonstruktionszeichnung B. R. Biegels.

in der Tierwelt darstellte. Ein heikler Fall – Darwin und Biegel entschieden sich, den alpinen Fremdling lieber unerwähnt zu lassen. Lord Lickspittle verstarb kurz darauf. Lediglich Frau Gayer verfaßte später eine Biotop-Beschreibung des Harschkriechers, die allerdings keinerlei Beachtung fand.

Vergl.:
Gayer, Wally: „Himmel, Harsch und Firn – Das Biotop des Harschkriechers", Karrjähr Verlag, Wien 1883.

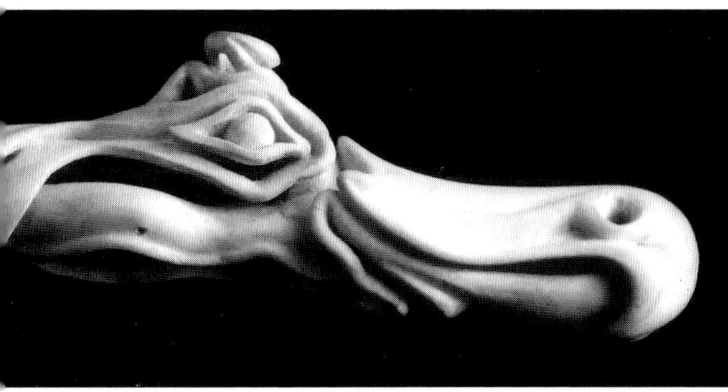

Gut erkennbar: die Schleimdrüse an der Körperunterseite.

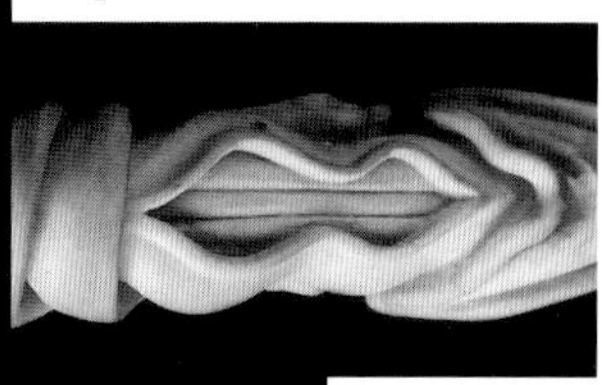

Wo keine Akazien stehen, erfolgt die Eiablage auf Kakteen oder ähnlichen Stachelgewächsen. Für das schnelle Brüten unerläßlich: pralle Sonne und brütende Hitze.

Der schnelle Brüter

Incubator velox geigeri

Klasse: *Reptilien*
Familie: *Wüstlinge*
Artbestand: *ca. 1.708 Exemplare*

Besonderheiten: *ein ungewöhnliches Reptil, extrem scheu und selten. Der schnelle Brüter hinterläßt eine klare Fährte, die er mit seinem wendigen Schwanz jedoch ständig verwischt. Der 130 cm hohe Sprinter sieht zwar gefährlich aus, ist aber harmlos und versucht stets, Konflikte zu vermeiden. Weibchen und Männchen des „schnellen Brüters" sehen absolut identisch aus, was gelegentlich zu peinlichen Mißverständnissen innerhalb der Art führt (kurzfristige akzidentale Homosexualität). Feinde erkennt der Wüstling dank seiner großen Nase auf 40 Kilometer Entfernung an ihrem Geruch. Das gibt ihm ausreichend Zeit, sich aus dem Staub zu machen.*
Charakter: *sensibel, konfliktscheu.*
Geographische Verbreitung: *regenarme Regionen Asiens, Australiens, Afrikas und Amerikas.*
Lebensraum: *Steppen und Wüsten der Tropen und Subtropen.*
Fortpflanzung: *Das Weibchen legt alle drei Jahre nach zehnmonatiger Tragzeit ein Ei, aus dem innerhalb von zehn Stunden 4 – 6 voll entwickelte Junge schlüpfen. Durch die extrem schnelle Brutzeit erklärt sich auch der Name „schneller Brüter" .*
Nahrung: *Akazien- und Kaktussamen, Wüstenpflanzen, kleine Reptilien und deren Eier.*
Feinde: *Raubvögel, Coyoten, Hyänen, Schakale, Wölfe.*

Entdecker: *A. Tom Geiger nahe Oppenheim, New Mexico, 1852.*

Charles Darwin, der gerade intensiv an seinem Werk über die Entstehung der Arten arbeitete, war höchst verärgert, als ihm 1853 ein gewisser A. Tom Geiger Skizzen und Aufzeichnungen über den seltsamen und bizarren „schnellen Brüter" zukommen ließ.
Entdecker Geiger schrieb: „Der seltene incubator velox geigeri, wie ich ihn benannte, wartet neben seinem skurrilen Aussehen mit einem besonders bemerkenswerten naturwissenschaftlichen Phänomen auf: Nachwuchsproduktion durch Zell-

Schnitt durch das Ei des schnellen Brüters. Eng, aber gemütlich: Fünf von insgesamt sechs Brüter-Embryos sind gut erkennbar; der sechste liegt verdeckt hinter dem zweiten von links.

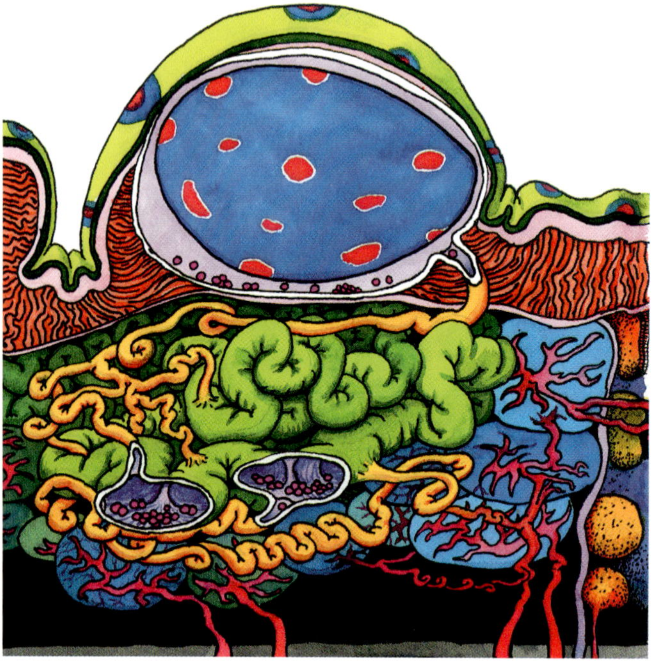

Schnitt durch den Rumpf des schnellen Brüters, um Ei-Position und Gelege-Versorgung in der Brutkammer des Rückenhöckers zu verdeutlichen. Im Hauptdarmtrakt (aufgeschnitten) sind Kaktussamen erkennbar, die über Versorgungskanäle in die Gelege-Blase unter dem Höcker geleitet werden. Dort spalten die Enzyme einer speziellen Verdauungsflüssigkeit die Substanzen auf, so daß diese durch die Schale (mit weiß umrandeten Punkten) zu den Embryos (siehe Abb. S. 59) vordringen können. Zu beachten: von kräftigen Adern gut durchblutete Wasserkammern, ohne die das Überleben in der Wüste unmöglich wäre.

kernspaltung unter starker Beschleunigung! Das einzige Ei wird in einer speziellen „Rückenblase", dem sog. Gelegehökker, deponiert und von der Mutter wiederholt in Höchstgeschwindigkeit (bis zu 130 km/h!) durch die Wüste getragen. Dabei spaltet sich der Kern des befruchteten Eis in vier bis sechs Teile. Nach Monaten des Sprintens legt das Brüterweibchen ihr karnevalbuntes Ei morgens auf einem Kaktus oder in der Krone eines Akazienbaums ab und setzt es für ca. zehn Stunden der brütenden Sonnenhitze aus. Nachmittags schlüpfen die Jungen."*)

Das Tier faszinierte zwar durch ungewöhnliche Eigenschaften, paßte dem englischen Evolutionisten aber gar nicht ins Konzept. So vertröstete Darwin den Entdecker mit dem Versprechen, das Werk baldmöglichst zu publizieren – und legte die Brüter-Unterlagen auf den Stapel „Zu Verschweigen".

Geiger wartete gespannt auf Darwins Veröffentlichung über die Entstehung der Arten. Zutiefst enttäuscht, mit keinem Wort in diesem Jahrhundertbuch erwähnt zu sein, bot Geiger seine Forschungsergebnisse über den

*) *Biegel-Nachlaß, 15c/24b/873*

schnellen Brüter daraufhin ungezählten Verlagen und Instituten an. Eine rätselhafte Serie von Absagen und Prozeßdrohungen war die Folge, Geiger resignierte.

1930, lange nach Geigers Ableben, fielen die Brüter-Unterlagen dem US-Verteidigungsministerium in die Hände. Erfolgreich soll in dessen Laboratorien versucht worden sein, den biologischen Eikern-Spaltungsvorgang des incubator velox geigeri physikalisch nachzuvollziehen. Auf Geiger angesprochen, leugneten offizielle Stellen stets jedwede Verbindung zu dem Forscher und seinem Brüter.

Vergl.:
Nemsi, Clara B.: „Fast Breeders – Mystery in the Desert“, Nuke & Lear, Los Alamos 1955.
Sowie:
Reak, Thor: „Brüter-Beobachtungen auf der Drei-Meilen Insel“, Wissenschaftliche Verlagsanstalt Czerno, Bühl & Erben, Garching 1901.
Sowie:
Eisenhauer, Heiko: „Geiger zählt nicht – ein Dementi“, Fortnox Verlag, Washington 1944.

Selten und prächtg anzusehen: der schnelle Brüter in der nordamerikanischen Sonora-Wüste.

Schrecken der Museen und vieler Adelssitze: Der Büstenhalter, ein verschmitzter Kunstbanause. Nur 45 cm groß, aber bärenstark! Hier ein männliches Exemplar mit der Gipsbüste des ehrwürdigen Lord Barker.

Der Büstenhalter

Grapscha imaginem sublevans barkerae

Klasse: *Reptilien*
Familie: *Grapschen*
Artbestand: *ca. 218, zunehmend*

Besonderheiten: *Der Büstenhalter (ein enger Verwandter der von Bruno Buhsen in Nymphenburg/Bayern entdeckten Buhsengrapsche) stellt den Prototyp des tierischen Kunstbanausen dar. Hingebungsvoll amüsiert er sich nächtens mit Büsten und anderen geschichtsträchtigen Exponaten, wo immer er kann. Besonders gern stemmt er die Portraits heroischer Persönlichkeiten, weil er sich mit den dargestellten Individuen identifiziert. Wie alle Angehörigen der Grapschenfamilie wird auch der Büstenhalter uralt (bis zu 95 Jahre).*
Charakter: *verschmitzt, respektlos, prominentenlüstern, von Minderwertigkeitskomplexen geplagt.*
Geographische Verbreitung: *weltweit in den gemäßigten, nur vereinzelt in den ungemäßigten Zonen anzutreffen.*
Lebensraum: *Ehrenhallen, Museen, Schlösser u. dergl.*
Fortpflanzung: *Das Büstenhalterweibchen legt alle Jahre im Frühling, meist an einem Montag, zwei bronzefarbene Eier. Ihr Nest verfertigen die geschickten Wesen aus Lorbeerblättern, die sie am liebsten von einem bekränzten Haupte stehlen. Das Paar brütet gemeinsam, bis nach drei langen Monaten (!) die Büstenhalterbrut schlüpft. Die Jungen sind bei Geburt nackt, blind und taub. Besonders gern nisten die gewandten und erstaunlich muskelstarken Reptilien in hohlen Bronzeskulpturen oder auch in verstaubten Museumsmagazinen, wo sie meist unbemerkt bleiben.*
Nahrung: *Gips und Grünspan, Bohnerwachs, gelegentlich Küchenabfälle, Eintrittskarten und Lorbeerblätter.*
Feinde: *Kunsthistoriker, Restauratoren, Heldenverehrer, Hochadlige, Wärter sowie das nächtliche Unwesen.*
Entdecker: *Norma Jean Barker, Mansfield 1864.*

Im Jahre 1869 veröffentlichte der englische Hirnanatom Sir Albert O'Brain eine aufsehenerregende Studie über gewisse Wahnvorstellungen, von denen er über 1000 Fälle in Großbritannien studiert hatte. O'Brain's Patienten bildeten sich ein, Geister zu sehen. Weiterhin glaubten sie fest daran, daß Kunstwerke und andere Objekte in ihrem Haushalt buchstäblich verrückt geworden wären oder mutwilliger Zerstörung anheimgefallen seien. Auffällig häufig wurde Sir Albert ins englische Königshaus zitiert, wo er sich stets mit hysterischen Haushälterinnen oder durchgedrehten Butlern konfrontiert sah. Immer wieder wurden im Schloß über Nacht Büsten umgestellt, die gesamte Ahnengalerie vertauscht, und wertvolle Kunstschätze lagen morgens zerbrochen am Boden. Das verängstigte Hauspersonal glaubte

Der Prado in Spaniens Hauptstadt Madrid, bevorzugter Tummelplatz des Büstenhalters.

an Gespenster und war einem Nervenzusammenbruch nahe. Zudem drohte die gestrenge Queen Victoria mit Entlassungen.

Doch O'Brain kam der eigentlichen Ursache des Problems nicht auf die Spur. Erst im kleinen Schloß von Lady Norma Jean Barker in Mansfield, Surrey, gelang es ihm, das Geheimnis zu lüften. Lady Barker, die gewöhnlich erst in den Morgenstunden schlafen zu gehen pflegte, erspähte bei einem ihrer nächtlichen Spaziergänge ein „kleines häßliches Tier", welches das Gipsdenkmal des alten Lord Barker kichernd durch den Park schleppte. O'Brain, der sich mit dieser sehr ungenauen Tierbeschreibung an Charles Darwin wandte, um mehr zu erfahren, war höchst erstaunt, daß dieser ihn bat, bei einer Veröffentlichung nicht den sogenannten Büstenhalter (engl. bustlifter) zu erwähnen. Die Kenntnis von der Existenz dieses Kunstschädlings könnte, so der listige Darwin, bei der Bevölkerung – und in dem bekannt abergläubischen Königshaus – Panik auslösen.

O'Brain hielt sich tatsächlich an Darwins Bitte und behauptete schlichtweg, es müße sich um eine Art Persönlichkeitsspaltung handeln, welche die obengenannten Wahnvorstellungen hervorruft. Von E. Bleuler wurde diese Psychose 1911 der Gruppe der Schizophrenien zugeordnet.

Moderne Alarmanlagen engten den ehemals freien Lebensraum des Büstenhalters in diesem Jahrhundert zunehmend ein. Durch den Zusammenbruch des Kommunismus wurde er gerade noch vor dem Aussterben bewahrt. Myriaden von ausrangierten Büsten (Stalin, Lenin, Marx, Engels etc.), die in düstere Lagerhallen oder einsame Grünanlagen abgeschoben wurden, bilden nunmehr für das prominentenfixierte Reptil ein ideales Biotop. Da hier selten jemand nach dem Rechten sieht und der Büstenhalter so ungestört sein Unwesen treiben kann, leben inzwischen ganze Kolonien dieser Grapschenfamilie in Osteuropa.

Vergl.:
Schnell, Maximilian: „Vom Umgang mit scharfen Kurven", B.H. Trumpf Verlagsgesellschaft, Lustheim 1969.
Sowie:
Buhsen, Bruno: „Verhängnisvolle Kompensation von Minderwertigkeitskomplexen. Handbuch zur Klassifizierung von Grapschen", Wissenschaftliche Verlagsanstalt Dr. Oskar Loskar, Bamberg 1991.

Der chinesische Cosinus

Sino cosinus davidi

Klasse: *Reptilien*
Familie: *Tangenten*
Artbestand: *ca. 144*

Besonderheiten: *Wie alle Mitglieder aus der Tangenten-Familie zählt auch der Cosinus zu den absoluten Intelligenzbestien. Innerhalb von Sekunden multipliziert und potenziert er bis zu zehnstellige Zahlen und zieht bei Bedarf blitzartig die Quadratwurzel daraus. Während das Tier rechnet, bewegt sich sein Körper in wellenartigen Stößen auf und nieder. Zeichen für Zeichen erscheint dann das Ergebnis auf seinem eiförmigen, sanft leuchtenden Schwanzende, das entfernt einem Miniaturmonitor gleicht. Ein bislang absolut unerklärliches Phänomen.*
Charakter: *zuverlässig, penibel, verspielt, berechnend.*
Geographische Verbreitung: *China*
Lebensraum: *in der Natur: sonnige, glatte Felsen, Marmorsteinbrüche; ansonsten gepflegte Innenräume.*
Fortpflanzung: *Cosinuspärchen bekommen nur alle fünf Jahre Nachwuchs. Das Weibchen legt im Frühjahr 10 bis 20 bizarr geformte, längliche Eier, die eine exotische Anmut ausstrahlen. Nach 30 Tagen schlüpfen die wurmartigen Kleintiere aus der elastischen Schale und sind sofort kalkulationsfähig.*
Nahrung: *Fliegen, Mücken, Schmetterlinge, Glasnudeln.*
Feinde: *Pekinesen.*
Entdecker: *Pater David, verbotene Stadt, Peking 1860.*

Pater David S.J. (1832–1905): Sinologe, Missionar und Entdecker. Getarnt in der Zivilkleidung eines harmlosen Handlungsreisenden näherte er sich Pekings verbotener Stadt.

Das Tier des Jahres 1865 wurde lebend und durch einen einzigen, zufälligen Blick von einem Abendländer entdeckt ...
Als einer der wenigen Europäer wirkte damals in Peking der Jesuitenpater David, ein Mann, der sich durch seine Forschungsarbeit in der Tierkunde einen großen Namen erworben hat. Mag es Laune eines Augenblicks gewesen sein oder eine

Einstein des Tierreichs: Der chinesische Cosinus

lange auf Gelegenheit wartende, brennende Neugierde und Entdekkerfreude, jedenfalls gelang es ihm eines Tages, einen Blick über eine der Mauern des Kaiserpalastes zu werfen, in einen jener riesigen Gärten, in denen der „Sohn des Himmels" , sicher vor den Blicken Unberufener, sich ergehen konnte. Es war ein großer Augenblick in der Geschichte der Tierkunde ..." *)
Dem Pater bot sich ein ungewöhnliches Bild. Vom wachsamen Hofmathematiker des Kaisers beobachtet, tummelten sich mehrere höchst possierliche Cosinuspärchen auf einer schachbrettartigen Fläche. „Hätte der Pater nicht den Mut zum Spähen aufgebracht, dann wäre das Tier möglicherweise vom Erdboden verschwunden und der Wissenschaft nie zur Kenntnis gekommen. In freier Wildbahn war es ausgestorben und existierte nur noch in jener Herde in den kaiserlichen Gärten." *)
Darwin und Biegel gelangten in den Besitz des chinesischen Cosinus, „nachdem Pater David, der Unermüdliche, endlich ein Exemplar nach Europa gebracht hatte." *)

**) Zitate aus: Krumbiegel, Ingo: „Von neuen und unentdeckten Tierarten", S.15, Kosmos, Stuttgart 1950.*

Das äußerst anstellige Tier, von Darwin auf den Namen „Cosinius" getauft, half den beiden Forschern in den Folgejahren bei der Erstellung aufwendiger Statistiken.
Durch eine großzügige Spende in die Missionskasse erkaufte Darwin das Schweigen des Paters.

Vergl.:
Kathäte, Anna: „Der Satz des Hypo T. Nuse – ein geometrischer Sonderfall", Mathematische Verlagsanstalt Pütta, Goh & Rass, Einsteinach / Riesengebirge, 1957.
Sowie:
Prem, C. und Gross, A.M.: „Das Ei des Cosinus", Verlag C.J. Humos und Sohn, Frankfurt 1989.

Der „Monitor"-Schwanz des Cosinus. Je nach Schwierigkeitsgrad der Rechenaufgabe wechselt das Tier seine Musterung und Färbung.

Das Gürteltier

Pecus cinguli montanensis

Klasse: *Säugetiere*
Familie: *Schnallen*
Artbestand: *stark gefährdet, 23 Stück*

Besonderheiten: *Risthöhe bis zu 100 cm. Die weiblichen Exemplare sind gertenschlank und gazellenschnell. Nur die überaus gefräßigen und trägen Männchen schlagen aus der Art: Im gürtellosen Zustand hängt ihr Bauch bis auf den Boden. Solche Fettklöße erreichen bis zu 120 kg Gewicht. Überraschend: Der Umfang der Gürteltier-Stimmen ist ungeheuer. Vom Falsetto-Zwitschern bis zu soliden Baßlauten reicht ihr Repertoire, aus dem sie allerdings nur bei absolutem Wohlbefinden schöpfen. Sonst grunzen und schmatzen sie leise vor sich hin.*
Charakter: *gutmütig, geduldig, gefräßig, leicht depressiv. Von Geburt an extrem diätfeindlich.*

Das stimmgewaltige Gürteltiermännchen – übergewichtig wabbelt es in Nordamerika seinem Ende entgegen.

„Singing Oskar", der letzte Gürtelschwein-Bastard, starb 1957 in Montana.

Geographische Verbreitung: *Nordwestliches Nordamerika.*
Lebensraum: *Bevorzugt Farm- und Ranchgebiete in den US-Staaten Montana und Wyoming.*
Fortpflanzung: *Die Weibchen werfen im Durchschnitt fünf blinde, nackte Frischlinge in tiefen Erdhöhlen. Säugend verbleiben sie dort mit ihren Winzlingen ca. eine Woche. Anschließend wühlen sich Muttertier und erstarkter Nachwuchs wie Maulwürfe ans Tageslicht. Nachdem viele Männchen völlig aus der Form gerieten und immer weniger zur Befruchtung fähig waren (oder ihre Nächte in rauchigen Saloons abstehen mußten), sank die Geburtenrate bereits in der zweiten Hälfte des 19. Jahrhunderts rapide.*
Nahrung: *Allesfresser.*
Feinde: *Homo sapiens.*
Entdecker: *Johnny B.Vain, Paris, Montana 1837.*

1862, nach drei harten Wintern, trieb der Futtermangel ganze Herden von Gürteltieren in die Nähe der ersten menschlichen Siedlungen Wyomings. Viele Gehöfte gründelten die gefräßigen Präriebewohner mit ihrem sattgelben Schnabel jede Nacht nach Kompost und Hausabfällen ab. Mitleidige Farmersfrauen, denen die schmatzenden Gesellen recht possierlich und nützlich vorkamen, fütterten die Gürteltiere noch dazu mit Schmalzgebackenem. Besonders die Männchen wurden bei dieser bequemen Art der Nahrungsbeschaffung übermäßig fett und abartig wabbelig. Daher rührt auch der englische Name für das Gürteltier: „old wabble". Lange blieben die harmlosen Wesen unbeachtet – bis einige Bauern und Cowboys zu ihrer Unter-

haltung öffentliche Wettbewerbe im Gürteltierstemmen (engl.: „old-wabble-lifting") veranstalteten. Wer es schaffte, die schwergewichtigen Männchen über den Kopf zu hieven, durfte anschließend seinen Gürtel um das Tier schnallen – ein Mordsspaß! Nachdem jedoch die meisten Cowboys unter den Fettkolossen zusammenbrachen, wurde der neue Freizeitsport bald wieder eingestellt.
Entsetzt von dem steilen Abstieg ihrer männlichen Artgenossen, ergriffen viele Weibchen die Flucht. Einige fanden in Stachelschweinherden ein neues Zuhause, wobei sie sich auch willig mit den wenig wählerischen und stets paarungsfreudigen Stachel-Ebern einließen. Durch das potente Stachelschwein (siehe S. 45) konnten sich die Gürteltierweibchen sogar fortpflanzen, doch das Ergebnis einer solchen Kreuzung, der sog. Gürtelschwein-Bastard, war kaum überlebensfähig. Den puritanischen Pionieren erschien ein solches artfremdes Sexualverhalten höchst verwerflich. Verächtlich nannten sie die rassenschänderischen Weibchen „Gürtelschnallen". Dem fortpflanzungsunfähigen, ebenfalls exorbitant feisten Mischling fehlte sowohl der Stachel als auch der Schnabel, lediglich die stimmliche Begabung hatte er von seiner Gürtelmutter geerbt. Sein Fleisch galt bei den weniger sittenstrengen Siedlern als ungemein schmackhaft. Außerdem war der Mischling als Farmtier wegen seiner Sangesfreudigkeit beliebt – kein Country-Song, der nicht von ihm geträllert wurde. „Singing Oskar", der letzte bekannte Gürtelschwein-Bastard, verschied 1957 auf einer Ranch in Montana.
Von den reinrassigen Gürteltieren dürften heute nur noch wenige am Leben sein. 1986 bezifferten nordamerikanische Wissenschaftler den verbleibenden Bestand auf lediglich 23 Exemplare. Um sie vor dem Aussterben zu retten, evakuierte der US-National Park Service die letzten ihrer Art in das eigens für sie eingerichtete „Old-Wabble-Protection-Territory" nahe der Stadt Cheyenne/Wyoming. Hoffnung auf Nachwuchs im Schutzgebiet besteht jedoch wenig. Die zwei einzigen männlichen Exemplare bleiben trotz strengster Diät katastrophal übergewichtig und sind zur Fortpflanzung bedauerlicherweise nicht mehr fähig. Es ist nur noch eine Frage weniger Jahre, bis die gutmütigen Gürteltiere endgültig verstummen und vom Antlitz der Erde verschwinden. Unwiederbringlich werden damit ihre herrlichen Stimmen für immer in der Weite des Westens verhallen.
Doch ein Trost bleibt: Die üppigen Formen der männlichen Gürteltiere haben das menschliche Figurenideal in den USA nachhaltig beeinflußt. So wird zumindest die Körper-Umrißlinie dieser aussterbenden Spezies von vielen Bewohnern Nordamerikas weitergetragen werden.

Vergl.: McDonald, Brownie: „Round is better than square", Verlag Mars & Hershy, Sugarville 1975.
Sowie:
Nelson, Billy: „I'm nothin' but a singing bastard – songs from a vanishing frontier", Strange Sounds Editions, Nashville, 1956.

Die Korrekturtaste

Pertempta corrigens digitalis

Klasse: *Reptilien*
Familie: *Tippechsen*
Artbestand: *geschätzte 16 Exemplare*

Besonderheiten: *Die gelenkige, katzengroße Echse gibt kackendschnalzende Laute von sich und kommt selten zur Ruhe. Ständig ist die hochintelligente Korrekturtaste vom Reparieren, Befingern und Zurechtrücken all jener Dinge getrieben, die einer Korrektur bedürfen. „Bei den meisten Tieren finden sich auf der ganzen Körperoberfläche in der Haut freie Nervenendigungen (Tangorezeptoren), die in der Lage sind, Tastreize aufzunehmen ...“ *)*
Besonders gern tippt das farbenprächtige Reptil mit seinem digitalen Schwanz (cauda digitalis) auf Objekte, die es mit eigener Kraft nicht geradezurichten vermag (z.B. Schränke, falsch geparkte Fahrzeuge etc.). Damit soll die Aufmerksamkeit stärkerer Wesen auf die notwendige Korrektur gerichtet werden. Besonders ungewöhnlich ist die Konsistenz des deckweißen, zähflüssigen Speichels. Der tierische Genauigkeitsfanatiker streicht ihn mittels seiner pinselartigen Zunge über alle Oberflächen, die nach seinem Empfinden farblich oder strukturell unkorrekt wirken.
Die Korrekturtaste neigt zur taktilen Agnosie, der gefürchteten Tastlähmung, die unweigerlich zum Tod führt.
Charakter: *korrekt, diszipliniert, lernfähig, enorm ordnungsliebend, bis hin zur Pedanterie.*

Geographische Verbreitung: *ursprünglich Tasmanien, seit dem 19. Jahrhundert auch vereinzelt in Europa.*
Lebensraum: *menschliche Behausungen und Kulturlandschaften. Nie in freier Wildbahn beobachtet.*
Fortpflanzung: *unerforscht, vermutlich lebendgebärend.*
Nahrung: *Baumrinde, Ameisen, Würmer, Löschpapier, Haferflocken, Zwieback, Gemüse, Obst.*
Feinde: *Tasmanischer Teufel, Hunde, Katzen.*
Entdecker: *Charles Darwin, Tasmanien, 1836.*

**) Der große Brockhaus, Band 21, 1984, S. 316*

Die hochsensible Korrekturtaste – Traum jeder Sekretärin und Wunschtier jedes Mechanikers. Ob Haushalt, Computertextverarbeitung, Tintenkleckse oder lockere Schrauben - alles wird von diesem wunderbaren Angehörigen der Tippechsenfamilie korrigiert.

Im Februar 1836 betrat Darwin im Hafen von Hobart die Insel Tasmanien. Dabei begegnete ihm ein ungemein korrekt gekleideter Schriftsteller, der ausgewanderte Schotte Malcolm Mactaste.

Auf den Schultern des freundlichen Gentleman tollten zwei papageienbunte und langfingerige Reptilien umher, bei denen es sich um ein Paar der bis dato unbekannten Korrekturtasten handelte. Kaum hatten diese Darwin erspäht, hopsten sie

auf das Jackett des verdatterten Biologen. Emsig begannen sie Fusseln abzulesen, den Kragen zurechtzurücken und seine zerknitterten Notizblätter glattzustreichen. Der Schotte brüstete sich sogar damit, die Tiere „literarisch" trainiert zu haben, was Darwin zu bezweifeln wagte. Nichtsdestoweniger wollte er sie erwerben, und Mactaste tauschte das Pärchen bereitwillig gegen ein kleines Faß Whisky ein.

Der Preis war nicht zu hoch – noch am selben Abend konnte sich Darwin von den taktilen Talenten der vielseitigen Burschen überzeugen. In Windeseile räumten sie die Kabine auf, begannen seine Manuskripte auf Schreibfehler zu untersuchen (Mactaste hatte nicht übertrieben), ordneten etliche Skizzen nach Größe, Tier und Alphabet, ja sie flickten sogar eine nach Jahren des Gebrauchs ramponierte Hängematte. In acht Monaten, bis zur Ankunft in England, hatten die Korrekturtasten die unzähligen Arbeitspapiere des jungen Gelehrten in Topzustand gebracht. Unglücklicherweise entkamen Darwin die flinken Korrekturtasten, als er am 2. Oktober 1836 in der Heimat von Bord ging. Seine sprichwörtliche Disziplin, die er nicht zuletzt von den tasmanischen Tippechsen gelernt hatte, und der fleißige Biegel halfen ihm jedoch über den herben Verlust hinweg.

Bis an sein Lebensende ließ Darwin die Korrekturtasten unerwähnt. Ihr Entwischen kam ihm blamabel vor, und die Außenwelt mußte nicht unbedingt alle seine Tricks kennen.

Die Parabiologen Prem und Gross fanden heraus, daß die zwei Exemplare Darwins später auf einer in der Tippechsengeschichte einmaligen Odyssee nach Glasgow gelangten. Das schottische Klima und der behäbige Zungenschlag der dortigen Bevölkerung riefen wohl warme Erinnerungen an Tasmanien und ihren Vorbesitzer Mr. Mactaste in den heimwehkranken Tieren wach. Auf dem langen Weg in den britischen Norden warf das Weibchen etliche Junge, bei dieser Spezies ein eher seltenes Ereignis. In Glasgow führte die Spur der Korrekturtasten direkt zum Haus von Mr. und Mrs. Adler. Archibald, ihr etwas chaotischer 12jähriger Sohn, mauserte sich damals binnen Monaten zu einem Musterschüler und anschließend zu einem genialen Feinmechaniker. In späteren Jahren erlangte Archibald Adler als begnadeter Konstrukteur revolutionärer Schreibmaschinen Weltruhm.

Vergl.:
Puschmann, B.: „Korrektur-Zeichen nach DIN 16511", Hg. vom deutschen Normenausschuß, 1967.
Sowie:
Mactaste, Malcolm: „Correct taste in exile", Olympia Press, Hobart 1842.
Sowie:
Adler, M.H.: „The writing machine". A history of the typewriter, London 1973.
Sowie:
Gardel, Carlos: „Tangoreceptores y la recepción correcta del tango digital", Edición Piazzolla, Buenos Aires, 1932.
Sowie:
Prem, Cornelia: „Von Tippechsen, Adlern und Menschen", BSC Verlag, Icking, 1986.
Sowie:
Gross, Andreas M.: „Im Bann der Ordnung – was wir von der Korrekturtaste lernen können", R.Echtwinkl & G.Rade, München 1993.

Der Müllschlucker

Blattella decursum devorans

Klasse: *Reptilien*
Familie: *Reißwölfe*
Artbestand: *ca 3.500, zunehmend*

Besonderheiten: *In der Größe entspricht der Müllschlucker einer ausgewachsenen Deutschen Dogge. Neben den scharfen Krallen an Vorder- und Hinterfüßen sind auch Schwanz- und Doppelrüsselenden mit stahlhartem Reißwerkzeug ausgestattet. Der harmloseste aus der Familie der Reißwölfe saugt seine Nahrung auf, die er mit den kräftigen Reißzähnen zunächst zermalmt. Der Müll wird im Magen wiederverarbeitet und u.a. in Form von Papierballen, Kunststoffblöcken und Weißblech ausgeschieden. Organische Vorräte können im dehnbaren Bauchbeutel gehortet und vergoren werden.*
Charakter: *gierig, unersättlich, umweltbewußt.*

Der grünpunktige Müllschlucker in seinem Element; hier abgebildet die Giftmüllmutation.

Geographische Verbreitung: *vermutlich weltweit. Urheimat umstritten, möglicherweise Nepal.*
Lebensraum: *Müll- und Abfalldeponien.*
Fortpflanzung: *Zur Paarungszeit kämpfen die Männchen heftig um die begehrten Weibchen, welche kurz nach der Befruchtung drei gründgemusterte Eier ablegen*).*
Deren Kalkschale ist nicht nur überaus fest, sie sondert auch übelriechende Dämpfe aus und hält so Eierräuber fern. Nach dem Schlüpfen verlassen die kleinen Nestflüchter umgehend ihre wohligwarme Abfallbrutstätte und suchen sich ganz selbständig den ersten zarten Müll und vergorene Speisereste.
Nahrung: *Müll und Unrat jeder Art. Ein abwechslungsreicher Speisezettel, bei dem allerdings strenge Trennkost eingehalten wird. Abfalldeponien durchpflügt der Müllschlucker wie ein Maulwurf und sortiert den stinkenden Zivilisationsabraum akribisch nach Glas, Dosen, Blech und Biomüll. Neuere Mutanten (z.B.der hier abgebildete Blatella decursum devorans) fressen auch Giftmüll.*
Feinde: *außer dem Menschen keine.*
Entdecker: *Marcel Müller, Marseille 1876.*

**) Das Grünpunktmuster diente später als Vorlage für ein wohlbekanntes Emblem der Recycling-Industrie.*

Marcel Müller, Hygiene- und Kanalisationsspezialist aus Straßburg, wurde 1876 von der französischen Regierung beauftragt, die rapide zunehmenden Abfallprobleme Marseilles zu lösen. Während er einen abartig stinkenden Müllberg vor den Toren der Stadt inspizierte, entdeckte Müller kleine rauchende Gruben in der wenig appetitlichen Halde. Bei näherer Betrachtung, bewehrt mit einem Riechfläschchen, hörte er fiepsende Töne. Der Ohnmacht nahe, schaufelte sich der neugierige Abwasser-Fachmann vorsichtig durch den Dreckhaufen. In einem dampfenden Nest aus Küchenabfäl-

Die grünpunktigen Eier des Müllschluckers. Dank der erfindungsreichen Einrichtung von Mutter Natur fördert die Müllgärungswärme den Brutvorgang.

Das frisch geschlüpfte Müllschluckerbaby, hier noch ohne die charakteristischen grünen Punkte.

len entdeckte er drei schnuckelige Müllschluckerbabys, die sich gerade an einem verschimmelten Baguette gütlich taten. Kurz nach dieser Begegnung konnte er sogar eines erwachsenen Exemplars habhaft werden, das sich lammfromm und sanft brummend in das Müllersche Müll-Labor führen ließ.

Mit diesem Fund sollte Marcel Müller zum gefragtesten Unrat-Fachmann seiner Zeit avancieren. Er stellte fest, daß die Tiere Müll sortierten, getrennt verzehrten und als wieder verwertbares Material ausschieden. Je nach Abfall war der Verdauungsgestank mehr oder weniger übel, in jedem Falle aber ungiftig. Marcel Müller setzte seine Müllschlucker, die er nun in großer Menge nachzüchtete, mit sofortigem Erfolg in den Gassen und Hinterhöfen Marseilles ein. Man überhäufte ihn mit Ehrungen und Auszeichnungen, bald war er ein gemachter Mann. „Monsieur Hygiène", wie man ihn nun respektvoll nannte, schien den Kampf gegen Unrat, Schmutz und die damit verbundenen Krankheiten souverän gewonnen zu haben.

Doch dann schlug das Schicksal zu: Als man in Marseille zwei Jahre später einige wie von wilden Hunden zerfleischte Matrosen fand, machte die aufgebrachte Bürgerschaft sofort die braven Müllschlucker für die schrecklichen Morde verantwortlich. Damit war Müllers steiler Aufstieg über Nacht vorbei. Er wurde diffamiert, vom Dienst suspendiert und mußte dann noch mit Entsetzen erleben, wie die gesamte Müllschlukker-Kolonie Marseilles ausgemerzt wurde. Der französische Hygienepio-

Marcel Müller, „Monsieur Hygiène“, auf der Höhe seiner Popularität

nier war das Opfer einer Intrige geworden: Darwin hatte durch anonyme Briefe die Bevölkerung der Hafenstadt gegen Müller und seine Unratvertilger aufgewiegelt. Darwin fand für ökologisches Wohlverhalten im Sinne menschlicher Zivilisationsbedürfnisse keinerlei evolutionistische Basis. Daher konnte er mit dem Müllschlucker nichts anfangen und hielt ihn für einen „biologischen Unfall“, den man besser totschweigen sollte.
Müller, der von der Harmlosigkeit und Nützlichkeit seiner zoologischen Entdeckung fest überzeugt war, wandte sich in seiner Not an die schwedische Biologin Dr. Nally Nachtschatt. Frau Doktor reiste sofort zu Müller nach Marseille. Ausführliche Nachforschungen führten die beiden wochenlang über Abfallhalden und durch die verrufensten Viertel der Hafenstadt. Als Matrosenmörder ermittelte Dr. Nachtschatt zweifelsfrei das Nächtliche Unwesen, welches sie bisher nur in Stockholm, London und Neapel aufgespürt hatte (siehe: „Das nächtliche Unwesen“, S. 49). Die schwedische Gelehrte erbrachte somit den endgültigen Beweis: Nicht nur dem Müllschlucker, auch Marcel Müller war Unrecht widerfahren.
Der ökobewußte Müllschlucker sieht zwar gefährlich aus, ist aber nur gefräßig, ausschließlich auf Müll spezialisiert und ein Muster an Reinlichkeit. Die ausgewachsenen Tiere der Gattung *Blattella decursum devorans* haben grüne Punkte, was eindeutig auf die ungesunde Ernährung dieser Spezies schließen läßt. Eine Mutation hat bis heute überlebt. Sie haust auf Industriemülldeponien und ernährt sich ausschließlich von Giftmüll. „Auf der Deponie geraten die Blatella-Populationen mit Farben, Säuren, Schwermetallen in Kontakt – Substanzen also, die auf das Erbgut einwirken können.“ So DER SPIEGEL*). Im gleichen Beitrag zitiert das Magazin den bekannten Biologen und Spezialisten Haschem Haschemi: „Es ist anzunehmen, daß auf diesem Wege neue Rassen entstehen, die unter anderem kälteresistente Eigenschaften aufweisen.“

**) SPIEGEL, DER Nr.2/1994, S.104*

Vergl.: Müller, Marcel: „Der Müllschlucker. Alternative Wege der zeitgenössischen Müllbeseitigung“, Arm & Schlucker Verlag GmbH, Straßburg 1878.
Sowie:
Nachtschatt, Nally: „Müllers Müll, Marseille und meine Mission“, Mühlheim, 1904.
Sowie:
Perle, Petra: „Vom richtigen Umgang mit Müllschluckern. Saubere Tips für den sauberen Haushalt“, Verlag Scheuermann und Blank, München 1994.

Die Schreckschraube

Cochlea terribilis shokii

Klasse: *Reptilien*
Familie: *Elektroschocker*
Artbestand: *ca. 60 (geschätzt)*

Besonderheiten: *Nicht zu verwechseln mit der nah verwandten Hup-Schraube, die durch hupengleiches Bellen ihre Opfer zu lähmen vermag. Die 20–26 cm lange Schreckschraube dagegen ist ein äußerst schreckhaftes Reptil Südpatagoniens, das sich beim geringsten Geräusch blitzschnell in die Erde schraubt. Dem Chamäleon ähnlich, vermag sich der Tarnkünstler bei Bedarf komplett der Farbe seiner Umgebung anzupassen. Beim Auftauchen an die Oberfläche entwickelt die Schreckschraube eine extreme Schubkraft, die sie für längere Streckenflüge nutzt. Wie ein Pfeil schießt sie waagerecht mit einer Geschwindigkeit von 50 km/h über das steinige Hochland. Wie der Zitteraal lädt sich die Schreckschraube elektrisch auf und kann so bis auf 100 km/h beschleunigen.*
Charakter: *schreckhaft, ängstlich, scheu.*
Geographische Verbreitung: *Südpatagonien.*
Lebensraum: *steiniges Gebirge, Steppen oder Laubwälder.*
Fortpflanzung: *Maximal drei Eier legt das variabel gefärbte Reptil pro Jahr. In der blauen Bauchfalte werden die Eier in direktem Bauchkontakt über fünf Monate ausgebrütet. Das Muttertier knackt die harten Schalen durch mehrmalige Kontraktionen auf, damit die Jungen schlüpfen können.*
Nahrung: *Lurche, Echsen, Glühwürmchen.*

Bei dem hier abgebildeten Exemplar (23 cm) handelt es sich um das besagte hölzerne Ona-Original der Schreckschraube aus dem Darwinschen Nachlaß Biegels. (Sammlung des Zentrallabors für Parabiologie, München.) Biegel nutzte das merkwürdige Objekt gelegentlich zum Öffnen von Weinflaschen. Ansonsten fand das Kunstwerk keine weitere Beachtung, da es Darwin für die Abbildung eines nichtexistenten, mythologischen Tieres hielt.

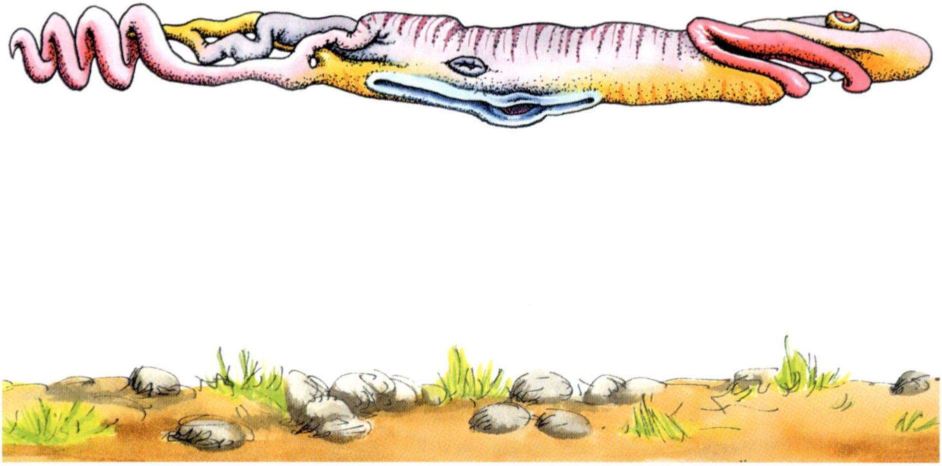

Die pfeilschnelle Schreckschraube im Waagerechtflug über die karge Steppe Patagoniens.

Feinde: *Condor, Ñandu, Puma, Stromschleichen.*
Entdecker: *Rudy Shok, Patagonien 1936.*

Rudy Shok, von seinen Wissenschaftskollegen verächtlich „Psycho-Rudy" genannt. Dem innovativen Belgier blieb die gewünschte Anerkennung leider versagt.

1936 bereiste der belgische Psychoanalytiker Rudy Shok Chile und Argentinien auf der Suche nach nervenberuhigenden Substanzen. Besonders in Südpatagonien hoffte der Forscher auf giftige, serenspendende Reptilien. Doch außer ein paar läppischen Nattern kroch ihm nichts Nennenswertes über den Weg. Nach dreimonatiger Suche resignierte Shok und bereitete sich auf die beschwerliche Rückreise vor. Doch dann kam es zum unerwarteten Durchbruch: In der Umgebung von Ushuaia entdeckte Shok statt der gesuchten Giftschlangen ein wesentlich wertvolleres Tier, die Schreckschraube. Bei dem rasanten Start aus einem Erdloch hatte sich das Reptil in einem Wurzelgeäst verfangen.

Shok zögerte nicht lange und befreite das laut quietschende Exemplar aus seiner mißlichen Lage. Das zitternde Tier elektrisierte ihn zum Dank mit starken Stromstößen und suchte sich zischend zu befreien. Schwer geschockt und mit zusammengebissenen Zähnen schaffte es der beherzte Seelenspezialist trotzdem, die von ihm so benannte Schreckschraube in seine Botanisiertrommel

zu stopfen und lebend nach Hause zu transportieren.
Die Laborergebnisse erbrachten unglaubliche Resultate. Unter Streß produzierte die Schreckschraube Insulin und Cardiazol, bei Beschleunigung hingegen Elektrizität. Auf dieser Basis entwickelte Rudy Shok eine Art „Schocktherapie", die es ermöglichen sollte, schwere Psychosen zu heilen. Doch leider fehlt dieser Art der „organischen Therapie" bis heute die wissenschaftliche Anerkennung. Höchst bedauerlich, da sich angesichts jüngster Erfahrungen (siehe Literaturhinweis) mit ihrer Anwendung psychotische Zustandsbilder beeinflussen ließen.
Schon Darwin hatte auf seiner Weltreise von den südpatagonischen Ona-Indianern ein geschnitztes Skelett ihrer heiligen Schreckschraube geschenkt bekommen. Biegel nutzte das merkwürdige Objekt gelegentlich zum Öffnen von Weinflaschen. Ansonsten fand das Kunstwerk keine weitere Beachtung, da es Darwin für die Abbildung eines nichtexistenten, mythologischen Tieres hielt.

Vergl.: Gross, A. M. u. Prem, C.: „Psychosen und andere tierische Schocker. Neue Wege der organischen Heilung unter besonderer Berücksichtigung der Therapiemethoden von R.Shok", Tod & Teufel Verlags GmbH, Hamburg 1994.

Auch in den patagonischen Wäldern anzutreffen: die vielseitig begabte Schreckschraube auf ihrer Sprungfeder stehend, zum Start bereit.

Der Tyrannen-schlüpfer

Lascivus vestilia tyrannus

Klasse: *Reptilien*
Familie: *Schnorrer*
Artbestand: *gesichert, zwischen 60 und 100 Exemplare*

Besonderheiten: *Die Augen sind verhältnismäßig groß, sehr beweglich und ausdrucksstark. Geht etwas nicht nach dem Willen des kleinen Schlüpfers, bricht er vor Wut heulend in Tränen aus. Körperlänge bis zu 20 cm.*
Charakter: *trotzig, jähzornig, egoistisch.*

Geographische Verbreitung: *Insel Española (Hood), Galapagos-Archipel, Ekuador.*
Lebensraum: *Kiesstrände und wassernahe Klippen.*
Fortpflanzung: *Das trächtige Tier ist außerordentlich dick, da die sechs bis zwölf geleeweichen Eier recht voluminös sind. Mit der Ablage endet die Anteilnah-*

Der Tyrannenschlüpfer, Sekundärspeiser und unbestrittener König der Schnorrer im Reich der Tiere; hier in arttypischer Bettelhaltung.

me der Eltern an ihrer Brut. Nach vier Tagen schlüpfen die vollentwickelten Jungen und sind völlig auf sich gestellt. Sechs Wochen später unterscheiden sie sich nicht mehr von ausgewachsenen Tieren ihrer Art und sind bereits fortpflanzungsfähig!
Nahrung: *Als sog. Sekundärspeiser (siehe unten) bevorzugt der Tyrannenschlüpfer vorverdaute Würmer und kleines Meeresgetier.*
Feinde: *Galapagos-Meerechsen.*
Entdecker: *Charles Darwin, Galapagos-Inseln 1835.*

Darwin entdeckte den Tyrannenschlüpfer 1835 auf dem Galapagos-Archipel direkt beim Schlüpfen. So dachte der Jungforscher zunächst.
Nachdem das Tier drei Tage später immer noch nicht gänzlich aus der Schale geschlüpft war, versuchten Darwin und Biegel, das Ei vorsichtig zu entfernen. Dabei mußten sie zu ihrem großen Erstaunen feststellen, daß es angewachsen war. Darwin konstatierte: „Ein typischer Fall von prolongiertem Infantilismus".
Finden die Tyrannenschlüpfer zu wenig Beachtung (oder wenn sie hungrig sind), schreien sie so lange wie frischgeschlüpfte Vogelküken, bis man ihnen Futter reicht. Die Methode ist einfach und effizient zugleich – der Tyrannenschlüpfer täuscht das hilflose Kleinkind vor. Mit weit aufgesperrtem Schnabel buhlen die feuerroten Futterschnorrer bei völlig artfremden Vögeln der Insel auf diese Weise schamlos um Elternliebe und Zuneigung. Mit impertinentem Kreischen und optisch durch das angewachsene Ei täuschen die hinterlistigen Schlüpfer die Hilflosigkeit eines schlüpfenden Babys vor. Bis ins hohe Alter hält das wichtigtuerische und verwerfliche Schmarotzertum an! Man vermutet, daß sich diese Eigenschaft durch die fehlende Eltern-Kind-Bindung der Gattung entwickelt hat.
Besonders die gutmütigen Blaufußtölpelweibchen fallen leicht auf den infantilen Trick der Tyrannenschlüpfer herein. Die Nahrung muß für diese Unsympathen des Tierreichs nicht nur beschafft, sondern auch noch vorgekaut werden. Typisch für alle Tiere aus der Schnorrer-Familie. Prem und Gross ordnen sie deshalb den „Sekundärspeisern" zu.
Unbedachte oder nervenschwache Vögel versuchen gelegentlich, dem unerträglichen Geschrei ein Ende zu bereiten, indem sie den plärrenden Quälgeist kurzerhand wie einen Wurm verschlucken. Das mag Ruhe bringen, bedeutet aber auch den Tod der Vögel: Die innere Eischale der Tyrannenschlüpfer schmeckt nämlich nicht nur widerlich, sie enthält auch ein hochwirksames Nervengift. Daher bleiben die so geschützten Schnorrer im allgemeinen ungeschoren. Wie bei den giftigen Atelopus-Harlekinfröschen gilt auch hier: „Wer nicht schmeckt, wird nicht gefressen" *).

**) Hesselhaus, Ralf, Schmidt, Matthias: „Harlekinfrösche der Gattung Atelopus", Terrarienbibliothek, Münster, 1988.*

Vergl.: Freud, Sigfried „Tyrann oder Ödipus? Elternliebes-Defizit im Tierreich", Verlag Kronos & Söhne, Wien, 1928.

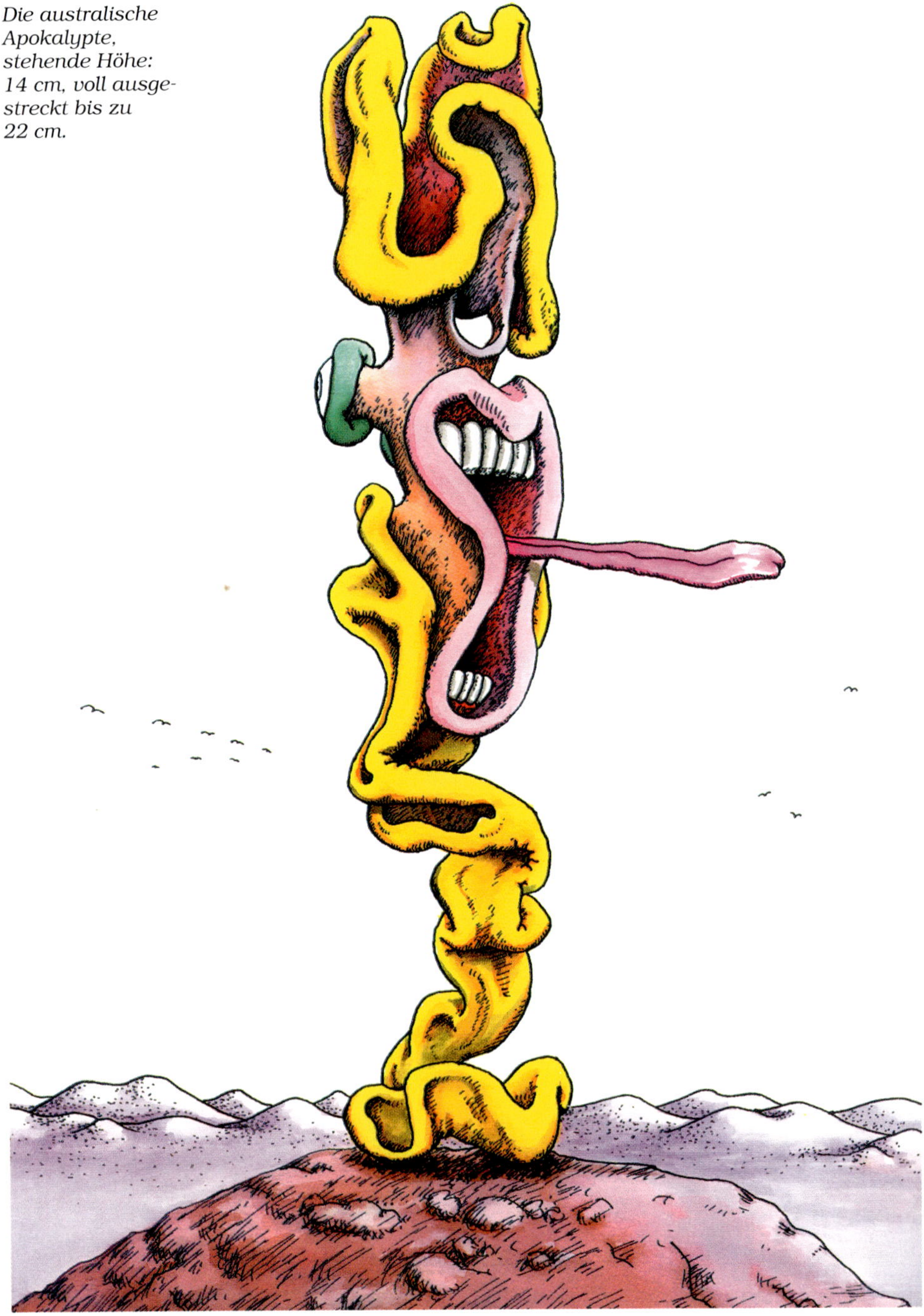

Die australische Apokalypte, stehende Höhe: 14 cm, voll ausgestreckt bis zu 22 cm.

Die australische Apokalypte

Apokalypta ultrasonida australis

Klasse: *Wirbellose*
Familie: *Transmytten*
Artbestand: *12 (Stand: Frühjahr 1995)*

Besonderheiten: *auffällig die menschenähnlichen Züge von Gebiß und Ohren. Die lange Zunge hingegen deutet eher auf eine Verwandtschaft mit dem Chamäleon hin. Die Apokalypte findet man meist eingerollt, halb im Sand vergraben. Das höchst sprachgewandte, stimmgewaltige und seltene Tier verfügt über ein einzigartiges, auf Ultraschall basierendes Kommunikationssystem.*
Charakter: *gutmütig, gehorsam, hellhörig und sensibel.*
Geographische Verbreitung: *Australien, nördl. Neuseeland.*
Lebensraum: *Sandböden in der Nähe von Eukalyptushainen.*
Fortpflanzung: *Die Paarung beginnt Anfang Juli. Jüngere Weibchen legen 4 bis 6 Eier, ältere 10 bis 15. Kaum sind die Jungen geschlüpft, verbreiten die Apokalypten-Eltern über ihr ausgefeiltes Fernsprechsystem die frohe Botschaft. Ähnlich wie im modernen CB-Funk erhält jeder Frischling seinen Code, mit dem er in das Kommunikationsnetz der Transmytten-Familie integriert wird.*
Nahrung: *Blätter und Harze des Eukalyptusbaumes.*
Feinde: *Dingos, Koalabären, Schnabeltiere, Kiwis.*
Entdecker: *Charles Darwin, Australien, 1836.*

Den Aborigines Australiens werden von alters her telepathische Kräfte nachgesagt: Über weite Strekken sollen sie sich komplizierte Botschaften vermitteln können. Charles Darwin kam den gewieften Ureinwohnern des fünften Kontinentes jedoch schnell auf die Schliche. Bei einem Landgang nördlich von Sydney (1836) beobachtete er, wie diese „Telepathie" wirklich aussah. Ein Aborigines-Mann griff in seine Umhängetasche, zog ein kleines zusammengerolltes Tier – eben jene Apokalypte –

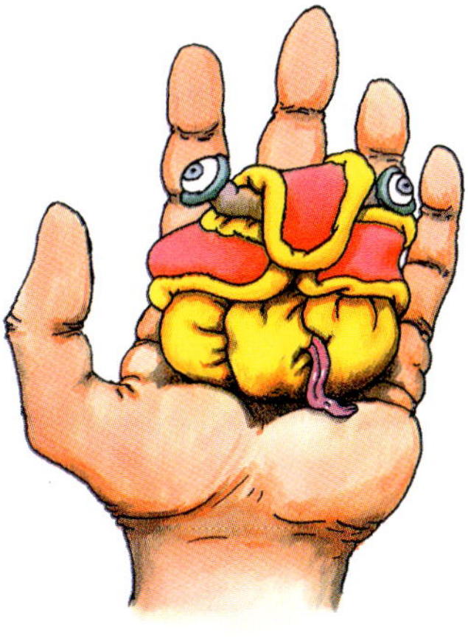

Zusammengerollt etwa von doppelter Größe eines Golfballs: So schläft die Apokalypte am besten.

daraus hervor, und führte es in seiner geöffneten Hand vorsichtig zum Mund.
Langsam flüsterte der Australier daraufhin eine Botschaft in eines der drei großen, hypersensiblen Ohren des zierlichen Geschöpfes, welches sich auf der Handfläche emporreckte und sein riesiges Maul weit aufriß. Nichts war zu hören. Kurz darauf stellte es zwei der Lauscher hoch, horchte aufmerksam in die Ferne und tuschelte seinem Herrn anschließend mit fiepsiger Stimme etwas zu. Eine andere Apokalypte, ebenfalls in Händen eines Aborigines – 120 Meilen enfernt! – hatte sie gehört und prompt geantwortet.
Wie Fledermäuse kommunizieren die Apokalypten über stupende Entfernungen mit Ultraschall. Sie erreichen dabei spielend die Qualität eines drahtlosen Telefons, allerdings ohne die störenden Nebengeräusche. Menschliche Sprachen erlernen die Tiere problemlos, ließ der stolze Besitzer den konsternierten Briten wissen.
Darwin, völlig fasziniert von diesem Naturwunder, tauschte Biegels heißgeliebte Schnupftabaksdose gegen zwei Apokalypten ein, wodurch es verständlicherweise zu Spannungen zwischen den beiden Reisegenossen kam.
Die anhänglichen Tierchen erwiesen den beiden Entdeckern über die folgenden Jahrzehnte unschätzbare Dienste, nicht nur als Haustelefon. Anfangs gab es Futterprobleme, weil sie sich, ähnlich wie die Koalas, ausschließlich von Eukalyptusprodukten ernähren. Doch Bobo Biegel hatte den rettenden Gedanken: In Sydney kauften sie mehrere Kisten Eukalyptusbonbons, die von den Apokalypten begeistert angenommen wurden.

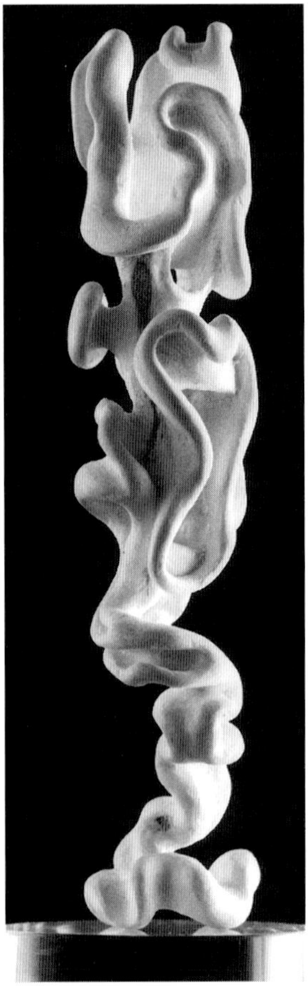

Lebensechte Holznachbildung einer Apokalypte. Vermutlich australische Aborigines-Arbeit aus der ersten Hälfte des 19. Jahrhunderts; Sammlung des Zentrallabors für Parabiologie, München.

Vergl.:
Oykahl, M.: „Drahlose Kommunikation in Australien", Verlag T.E. Lekomm, Berlin 1896.

Der Hochhausschneck

Limaxclimax torris

Immer in Stimmung. Der Hochhausschneck-Mann auf Brautschau.

Klasse: *Wirbellose*
Familie: *Lüstlinge*
Artbestand: *ausgestorben*

Besonderheiten: *Von allen Schnecken war diese Art die größte. Der muskulöse Weichkörper wurde bei den männlichen Tieren bis zu 60 cm lang. Die Weibchen waren dagegen fleischiger und 30 cm kürzer. Während ihre Schneckenhäuser, meist einer Ruine gleich, aus der Art geschlagen waren, brillierten die Männchen mit spektakulären Prunkbauten, die an berühmte architektonische Kunstwerke unserer Zeit erinnern. Zum Teil ragen erhaltene Schneckenhäuser bis zu vierundfünfzig Ministockwerke hoch auf.*
Charakter: *treulos, draufgängerisch, eigenwillig die Männchen; verbittert, träge, unflexibel die Weibchen.*
Geographische Verbreitung: *Tahiti.*
Lebensraum: *Strände, Sandbänke, flache Gewässer.*
Fortpflanzung: *Ursprünglich paarten sich die Hochhausschnecken alle drei Monate. Die Weibchen legten bis zu zehn gallertartige Eier, die in ihrem Schneckenhaus sicher aufbewahrt wurden. Erreichten die wurmartigen Kleintiere eine Größe von 5 cm, schlüpften sie durch die rosa Tür des Mutterhauses. Außergewöhnlich schnell, in nur knapp neun Wochen, bildete sich ihr schützendes Schneckenhaus.*
Nahrung: *Fischeier, Seetang, Plankton, Aas.*
Feinde: *Haifische, Fregattvögel, Homo sapiens.*
Entdecker: *Charles Darwin, Tahiti 1835.*

Der Hochhausschneck inspirierte zweifelsohne William van Alen zum Bau des Chrysler Buildings in New York.
Wann und wo van Alen den Hochhausschneck gesehen hat, bleibt bis heute ein Rätsel. Man vermutet, daß

Der männliche Hochhausschneck, ein klassischer Lüstling, auf einer Sandbank vor dem Strand Tahiti. So sah ihn auch Charles Darwin.

die New Yorker Matrosen George Skye und William Scrape die Schneckenhäuser zu Beginn dieses Jahrhunderts als Souvenirs nach Nordamerika brachten. Muscheln und Schneckenhäuser zählten in Darwins Zeiten zu den Haupthandelsartikeln Tahitis*).
Wahrscheinlich hat Alen einige Exemplare für seine Kinder erstanden, wodurch er selbst auf das architektonische Minikunstwerk aufmerksam wurde.

Auch die Hochhausschneckenweibchen prunkten ursprünglich mit kunstvollen Häusern. Als die Tahitianer jedoch die delikaten weiblichen Mollusken zu ihrem Nationalgericht erkoren, war es aus mit der Pracht. Bei der Jagd wurden die wunderschönen Schneckenhäuser gnadenlos mit Steinen zertrümmert. Gelingt es der Schnecke nämlich, sich rechtzeitig in ihr Haus zurückzuziehen, ist sie nicht mehr genießbar. Dann wird ihr Fleisch ebenso zäh und übelriechend-ranzig wie das der Männchen, denen deshalb nie nachgestellt wurde.
Im Laufe der Evolution hatte die Natur die ruinenartige Hausform der Schneckenweibchen übernommen und damit den Niedergang dieser Spezies besiegelt. Durch ihr entartetes und abgetakeltes Aussehen wurde es für die Hochhausschneckendamen immer schwerer, einen Partner zu finden.
Die männlichen Tiere begannen sich demzufolge zusehends mit ganz artfremden, aber wesentlich attraktiveren Weibchen zu paaren.

Das Chrysler Building in New York.

Bevor das treulose Weichtier kurz vor Mitternacht auf Balz ging, begann die Hochhausspitze zu leuchten und öffnete sich, damit der Schneck nach einem Sex-Opfer Ausschau halten konnte. Wurde eines gesichtet, warf er seinen Prunkbau ab, um nicht als Lüstling entlarvt zu werden. Mit dieser billigen Masche erreichte er fast immer sein Ziel.
Vor allem bei der von ihm umschwärmten Küsserraupe (siehe S. 89), die ihn zunächst für ein potenzstarkes Männchen ihrer Art hielt, versuchte er häufig sein Glück. Wenn sie scheu die Augen schloß, fiel der Schneck über sie her. Nach einem zweiwöchigen Paarungszeremoniell verkroch sich der Liebestolle erschöpft im Sand, ließ die verdatterte Küsserraupe (die erst jetzt ihren Fehltritt bemerkte) kommentarlos zurück und schlief, bis nach drei

*) *Vergl.: Darwin, Charles: „Reise eines Naturforschers um die Welt“, Greno Verlag 1988, S. 287.*

Monaten sein Schneckenhaus nachgewachsen war. Anschließend kehrte er zurück ins Meer. Darwin hatte das große Glück, einen Hochhausschneck bei der Balz und anschließender Paarung mit einer Küsserraupe zu beobachten.

Da die artfremden Küsserraupen nicht durch den Hochhausschneck befruchtet werden konnten und die Partnerinnen seiner eigenen Spezies aus bekannten Gründen von ihm ignoriert wurden, blieb der Hochhausschneck-Nachwuchs bald aus. Beschleunigt wurde das Aussterben der Art zudem dadurch, daß das Weibchen leichter zu jagen und sein Nachwuchs in dem ruinösen, nach oben geöffneten „Frauenhaus" nun auch nicht mehr sicher war. Viele Vögel pickten im Sturzflug die wenigen Nachkömmlinge einfach aus den Trümmern.

Vergl.:
Brut, Alo: „Vergewaltigung im Tierreich", Schweinfurt 1987.
Sowie:
Schwatzer, Emma: „Vom Frauenhaus zur Trümmerfrau. Verlorenes Glück in der Südsee", Alice & Töchter Verlags GmbH, Chauviville, 1989.
Sowie:
Casanova, Don Juan de: „Vom Penthaus in den Keller der Evolution – das Ende einer entarteten Art" Spieljung & Hassler, New York, 1976.

Opfer der Evolution und männlicher Vernachlässigung: Die weibliche Hochhausschnecke mit ihrer desaströsen Hausruine.

Die Küsserraupe

Limax basiatio amorosa

Klasse: *Wirbellose*
Familie: *Amourösen*
Artbestand: *um die 40.000, zunehmend*

Besonderheiten: *An den Fühlern befinden sich bei dem kurzsichtigen Tier Ultraviolett-Sensoren, die es bei Bedarf ein- und ausziehen kann. Die liebesbedürftigen Küsserraupen buddeln sich gerne paarweise in den Sand ein. Eng und innig aneinandergeschmiegt verbringen sie dort knutschend Tage und Wochen. Der Ausspruch „leben von Luft und Liebe" läßt sich auf ihr Verhalten zurückführen. Achtung: Aufgrund eines Übersetzungsfehlers aus dem Tahitianischen wird diese ca. 20 cm lange Schneckenart irrtümlicherweise als Raupe bezeichnet.*
Charakter: *anlehnungsbedürftig, zärtlich, naiv.*
Geographische Verbreitung: *Tahiti.*
Lebensraum: *Sandstrände, flache Gewässer.*
Fortpflanzung: *Die Weibchen gehen viermal im Jahr auf Bräutigamschau. Haben sie den Auserwählten geortet, schließen sie die kurzsichtigen Augen, stülpen ihren sinnlichen Kußmund nach außen und geben animierende Schmatzlaute von sich. Die Männchen reagieren prompt auf dieses offensichtliche Zeichen ihrer Paarungsbereitschaft und saugen sich lustvoll an den lockenden Lippen fest. Drei Monate bleibt das Paar zusammen, in denen das Muttertier 20–40 Eier legt. Nach knapp sechs Wochen kriechen daraus kleine rosa „Raupen", die schnell ausgewachsen sind.*
Nahrung: *Liebesperlen, Herzblätter.*

Strand in Tahiti, das bevorzugte Biotop der Küsserraupe.

Feinde: *Vögel, fliegende Fische, ehem. Hochhausschnecken.*
Entdecker: *Charles Darwin, Tahiti 1835.*

Die Küsserraupe. Kurzsichtig und liebesbedürftig, wurde sie nur zu leicht zum Sexopfer des Hochhausschnecks.

Da das sehschwache Küsserraupenweibchen regelmäßig auf die Sexattacken des hinterlistigen Hochhausschnecks (siehe S. 85) hereinfiel, vereinsamten die männlichen Küsserraupen zusehends. Die Fortpflanzung entwickelte sich daher rückläufig, und das Überleben der Art war lange Zeit stark gefährdet. Die männlichen Küsserraupen versuchten zwar, gegen den nachtschwärmerischen Lüstling von Hochhausschneck anzukämpfen, blieben aber rein körperlich immer unterlegen und gingen scharenweise an Einsamkeit zugrunde. Erst nach Aussterben (um 1895) ihres Widersachers konnten sich die Küsserraupenbestände Tahitis erholen. Der Frauenüberschuß schuf traumhafte Zustände für die überlebenden Herren ihrer Art, für die sich das Warten wahrlich gelohnt hatte: Bis zu zwanzig Weibchen umschwärmten nun ein einziges Männchen. Innerhalb von einem halben Jahr vervierfachte sich der Küsserraupenbestand – und er wächst bis heute weiter an!

Vergl.: Schmuse, Beate: „Kiss me Kate and Love me Tender. Success of reproduction in the South Pacific." Edition Lovelace, Los Angeles 1992.

Die Ohrmuschel

Concha auricularis misteriosa

Klasse: *Wirbellose*
Familie: *Meereslauschen*
Artbestand: *unbekannt*

Besonderheiten: *ca. 15 cm hoch; besonders auffällig: zwei menschenähnliche Ohren und Hände, welche in die untere schalenartige Körperhälfte eingerollt werden können. Der Muschelkörper ist außen vermutlich von einer violettgefärbten Konchinschicht bedeckt, innen von einer dünnen Perlmuttlage.*
Könnte außergewöhnlich große Perlen produzieren, von denen allerdings nur eine (und auch diese ist umstritten) bekannt ist. Sie ziert heute den Kronschatz der englischen Königin.
Charakter: *eher hinterhältig und nachtragend, indiskret, vermutlich intrigant und aufdringlich.*
Geographische Verbreitung: *wahrscheinlich nur im Bereich der Südhalbkugel.*
Lebensraum: *evtl. Sandböden kälterer Tiefseegewässer.*
Fortpflanzung: *nicht erforscht.*
Nahrung: *angeblich Fischeier und Seetang.*
Feinde: *Mondfische, Flaschentäuscher, Pottwale.*
Entdecker: *Kapitän C.B. Hansen, zwischen Rio und Montevideo 1829.*

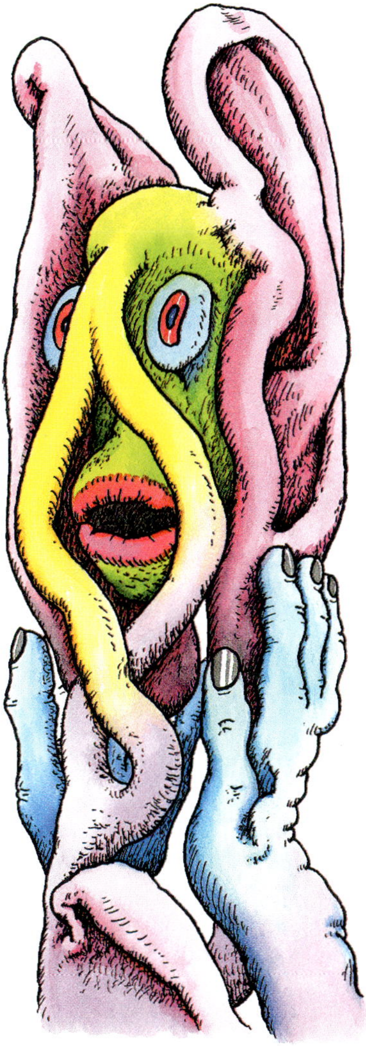

Rätsel der Meere – das Gesicht der legendären und sagenumwobenen Ohrmuschel.

Auf der Fahrt von Rio nach Montevideo erlebte die Besatzung der *Beagle* ein ungeheures Meeresleuchten.
Boris Biegel notierte: „24. Juli 1832. Die unheimlichen Lichter der letzten

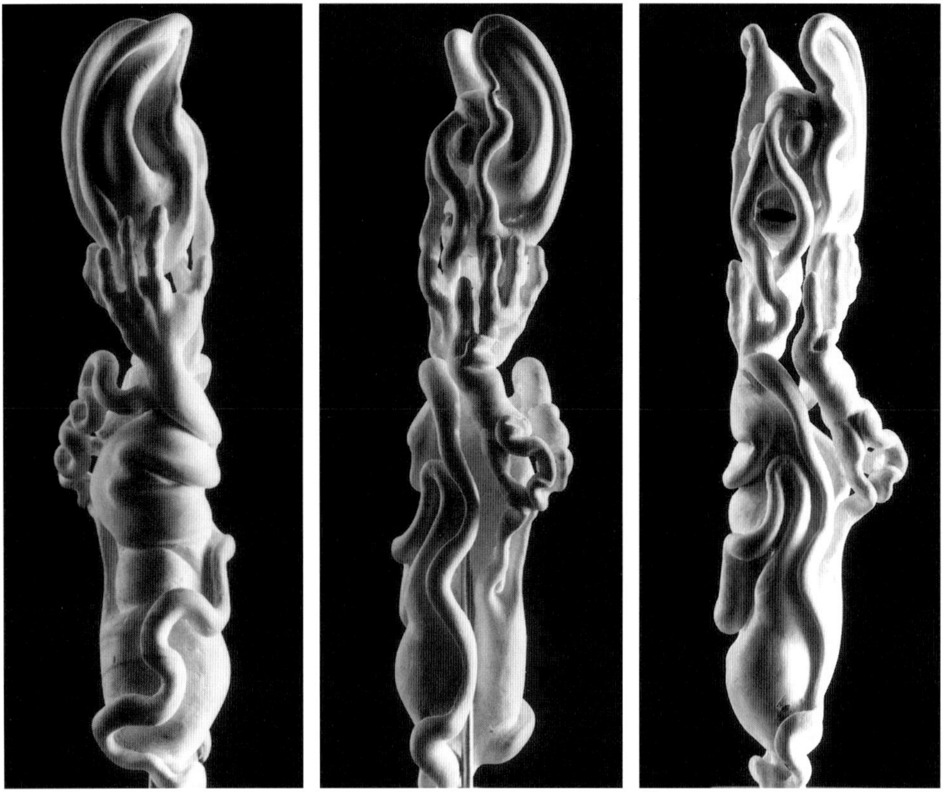

Die Holzschnitzerei Pits, des Matrosen, fanden Brehm und Gross im Nachlaß des Bobo Biegel.

Nacht haben die Mannschaft unruhig gestimmt, und bei Sonnenaufgang begrüßten wir alle erleichtert den neuen Tag. Einige Matrosen versuchten sich im Fischfang und zogen einen großen Mondfisch an Deck. Im Todeskampf erbrach der Meeresriese ein kleines, wild um sich schlagendes, undefinierbares Zwitterwesen. Darwin griff es sich sofort mit äußerster Vorsicht und war zutiefst irritiert, hatte dieses Etwas doch unheimlich menschlich anmutende Züge. Pit, ein abergläubischer Matrose, erbleichte, entriß Darwin das Tier und warf es zurück in die Fluten. Die Ohrmuschel, ein Geschöpf des Teufels, bringe den Tod, rechtfertigte er seine Tat.“ *)

Darwin war über die naturwissenschaftliche Freveltat Pits so erbost,

*) *Biegel, Boris Robert, Reisetagebuch, „Mit Bobo Biegel um die Welt“, Band 16, S. 55. Unveröffentlicht.*

daß er ihn fortan ignorierte. Kurz nach der Umrundung des Kaps der Guten Hoffnung überreichte der zerknirschte Seefahrer dem immer noch verstimmten Darwin ein selbstgeschnitztes Abbild der Ohrmuschel zur Versöhnung.
Die kunstvoll gefertigte Holzskulptur Pits faszinierte Darwin über die Maßen. Immer wieder fragte er den Matrosen, ob er sich sicher sei, daß die Ohrmuschel Hände und ein richtiges Gesicht habe, wovon sie sich ernähre und dergleichen mehr. Pit erwiderte lediglich, daß sie wohl Tang fräße und tatsächlich so aussähe. Er müßte es schließlich wissen, da er einst mehrere Wochen lang gezwungen war, dieses häßliche Ding ständig vor Augen zu haben. Damals fuhr Pit als Harpunier auf dem legendären Hamburger Walfänger *Windjammerlappen.* C. B. Hansen, der exzentrische Kapitän des stolzen Seglers, hatte eine solche Ohrmuschel, allen Warnungen zum Trotz, in einem gläsernen Spiritusbehältnis ostentativ am Großmast aufgehängt. Als sich Darwin ganz elektrisiert nach dem Kapitän und seinem konservierten Wundertier erkundigte, zuckte Pit nur mit der Schulter und meinte, der Unselige sei wenig später mitsamt seiner Ohrmuschel vor Kap Horn untergegangen.

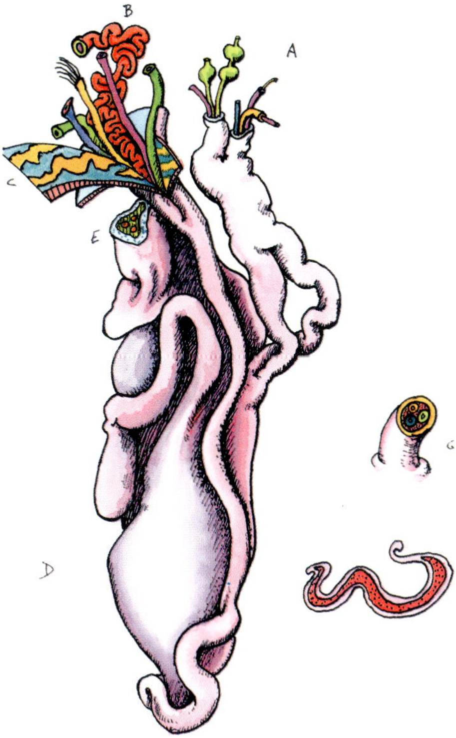

Der Muschelteil der Ohrmuschel, wie von Darwin vermutet. Sektion durch den Körper: A: Sehnen, Nerven, Adern, welche zur Hand führen. B: Hauptdarm. C: Haut mit bunter Innenseite. D: Muschelkörper mit violetter Konchinschicht. E: Schnitt durch den Hauptverbindungsmuskel. F: Querschnitt durch den Muschelkörper, mit Stülpmuskel. G: Detail von A, rechts im Querschnitt.

Vergl.: Koch, Vinzenz von: „Die Ohrmuschel als Zeichen des Untergangs“, Ahrl Verlag, Amsterdam 1914.
Sowie:
Has, Fred: „Möwenschrei und Meereslauschen, meine tollen Tage auf See“, Sebru Verlag, Podima, 1829.

Der männliche Sehstern. Wie alle Wasserspäher verfügen auch diese Stachelhäuter über scharfe Augen und Zähne.

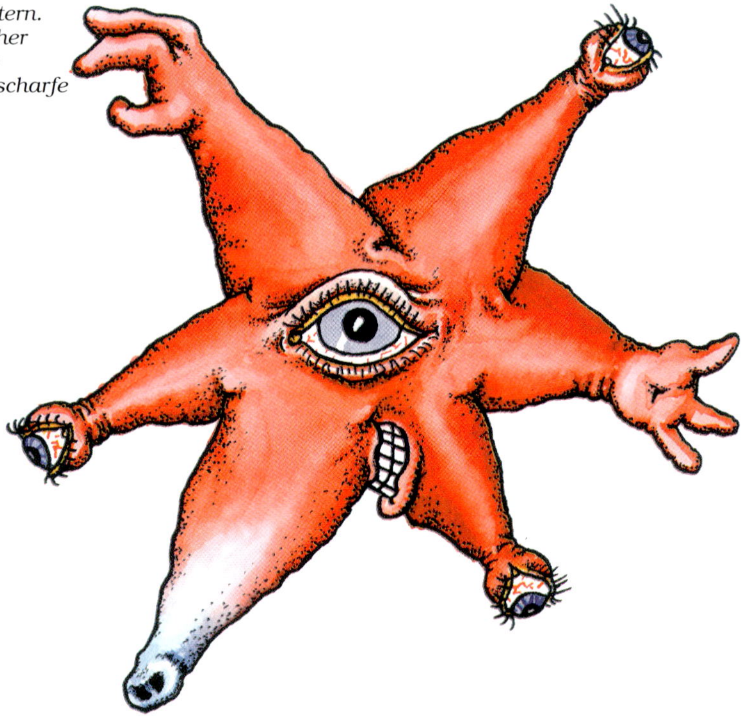

Der Sehstern

Stella videns

Klasse: *Wirbellose*
Familie: *Wasserspäher*
Artbestand: *unbekannt*

Besonderheiten: *seesternförmiges Weichtier mit einem Durchmesser von ca. 20 cm. Kräftiges Gebiß mit glänzend gepflegten Prachtzähnen. Weibchen: blautürkisgefärbte samtweiche Haut, zwei einziehbare, voneinander unabhängige Augen mit langen Wimpern. Erotische Mundpartie. Männchen: hell- bis dunkelrote Tönung; auffällig u.a. ein menschenähnliches, in das Körperinnere versenkbares Auge.*
Charakter: *verträumt, zutraulich, häuslich das Weibchen; introvertiert, gelegentlich bissig der Partner.*
Geographische Verbreitung: *östlicher Südpazifik.*
Lebensraum: *Höhlen in Tiefseegewässern.*

Fortpflanzung: *Einmal im Jahr, im Hochwinter, wird das Männchen hyperaktiv. Bei der sehenswerten zweimonatigen Balz fuchtelt der Sehstern wild mit seinen prallen Armen und rollt dabei unentwegt das mittlere Auge (Oculus centralis), um auf sich aufmerksam zu machen. Schließlich erhört das Weibchen seinen knallroten Partner. Dann beißen und zwicken sich die beiden fleischigen Meeresbewohner liebevoll, bis es zu einer mehrstündigen, stark ritualisierten Begattungszeremonie kommt. Wochen später legt das Weibchen zwei hellblaugefleckte Eier, aus denen zunächst zusammengerollte, dann frei schwimmende Larven schlüpfen.*
Nahrung: *kleine Krebstiere, Fischereiabfälle, Muscheln und Austern.*
Feinde: *Punkfische, Flaschentäuscher, Kraken.*
Entdecker: *Charles Darwin, Quiriquina, 1835.*

Am 4. März 1835 ankerte die *Beagle* im Hafen der chilenischen Stadt Concepción, welche kurz zuvor von einer fürchterlichen Flutwelle völlig zerstört worden war. Der gewaltige Meeresschwall hatte alle möglichen Objekte und Lebewesen aus sonst unerreichbaren Meerestiefen weit über das Ufer hinaus geschwemmt. In einer von der Katastrophe zurückgebliebenen Salzwasserpfütze fand Darwin landeinwärts zwei höchst ungewöhnliche, stern-

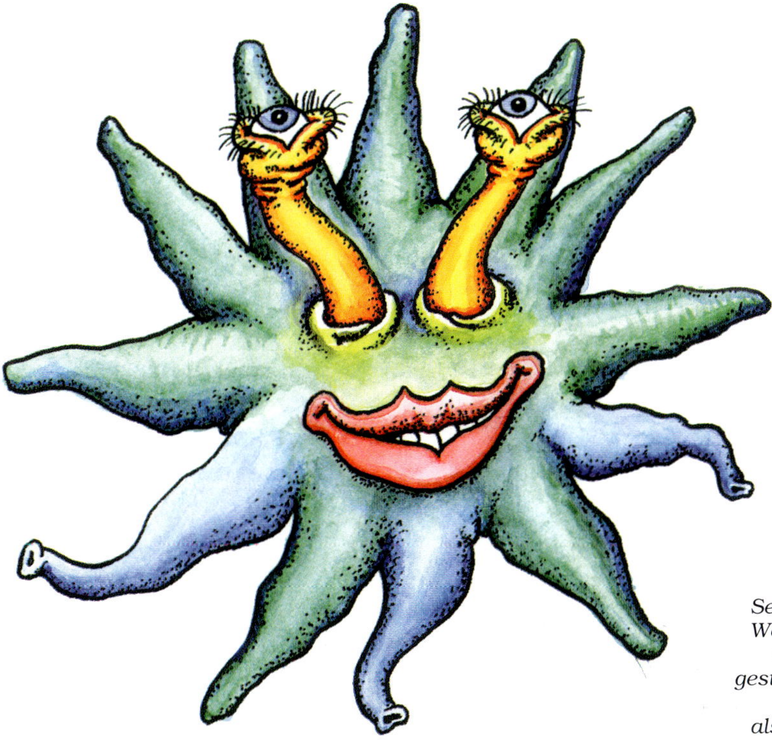

Das blautürkise Sehsternweibchen. Wenn auch mit nur zwei Augen ausgestattet, ist es doch weitblickender als das Männchen.

förmige Weichtiere, die ineinander verschlungen waren. Nach ersten Studien an den beiden drallbunten Wesen notierte er erregt:
„Sensation vor der Küste Concepcións – merkwürdige neue Spezies entdeckt! Bin sicher der erste Mensch, der dieses Naturwunder zu Gesicht bekommt. Die Tiere widersprechen allen Regeln der Naturwissenschaft. Die menschlichen Züge, insbesondere das gelegentlich hämisch wirkende Grinsen der Sehsterne, wie ich sie benannte, irritieren mich zutiefst. Stehe vor einem Rätsel, die Bibel spendet keinen Trost ...“ *)
Beagle-Kapitän FitzRoy beäugte die „bissigen Glotzquallen“, wie er Darwins neue Lieblinge abschätzig titulierte, mit unverhohlener Abscheu.

**) Siehe: Biegel Nachlaß, Manuskript 117/12 b, Kiste III.*

Am liebsten hätte er die „teuflischen Kreaturen“ mitsamt dem Eimer, in dem Bobo Biegel sie auf dem Achterdeck untergebracht hatte, über Bord geworfen. Trotz erheblicher Mühen gelang es, die beiden Sehsterne heil bis nach England zu bringen. Gemeinsam verlebten sie dort noch zwei glückliche Jahre in einem riesigen Salzwasseraquarium neben Darwins Schreibtisch, wo der junge Gelehrte seine maritimen Kostbarkeiten oft stundenlang beobachtete.
Das eher träumerisch veranlagte Männchen verfiel auch im englischen Exil immer wieder in seinen typischen, wochenlangen Tiefschlaf, wobei es eine drollige, eingerollte Position einnahm und seinen Rüssel gänzlich einbläute.
Das weit munterere Weibchen versuchte ständig, seinen schläfrigen Partner mit heißen Küssen zu wekken – vergeblich. Dafür verwöhnte

Typische Meereswasserpfützen nach einer Flutwelle vor dem chilenischen Concepción. Eine ähnliche Szenerie dürfte auch Darwin 1835 vorgefunden haben.

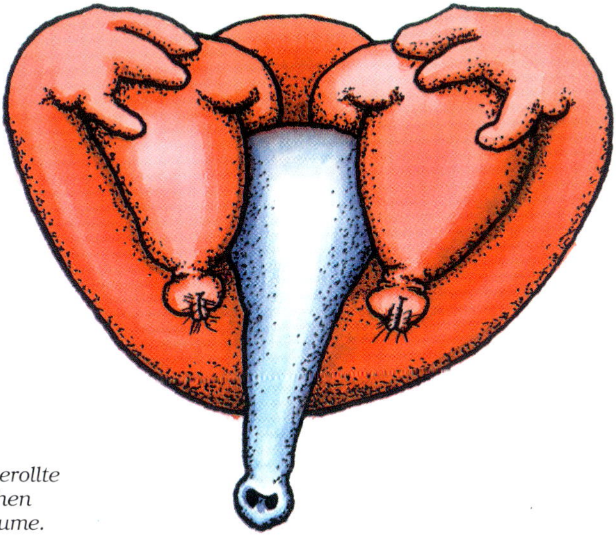

Das zusammengerollte Sehstern-Männchen im Reich der Träume.

Darwin das vernachlässigte und liebesbedürftige Tier mit delikaten Muscheln und Austern, die es mit seinem kräftigen Gebiß knackte. Zum Dank dafür machte das kecke blauäugige Geschöpf glucksendschmatzende Kußlaute in Richtung seines „Herrchens". Fühlte sich die zutrauliche Sehsterndame vernachlässigt, fixierte sie Darwin, bis er sich beobachtet fühlte und dem insistenten Tier seine Aufmerksamkeit schenkte.

Die Weibchen sind nicht nur wesentlich wacher als die verschlafenen Männchen, sie werden auch doppelt so alt*).

Seine zwei Exemplare und ihre jungen Larven fielen leider einem tragischen Unfall zum Opfer. Agatha, die neue Haushälterin, hatte sie versehentlich mit Darwins Schnupftabak gefüttert.

*) Nach Schätzung Darwins bis zu 150 Jahre.

Vergl.: Pristine, Agatha: „Tod im Aquarium", Dannhill Verlag, London 1901.
Sowie:
Gray, Florian: „Sehen und gesehen werden. Von der Eitelkeit maritimer Wesen" Verlag Spiegel & Söhne, Leipzig 1932.

Darwins Haushälterin Agatha Pristine, etliche Jahre nach dem peinlichen Schnupftabaksvorfall.

Der grünschnäblige Doppelschwinger

Bialae collulongum viridis

Lange glücklich verlobt: Die bedeutenden Ornithologen und Naturwissenschaftler Prof. Dr. Bubi Scholz und Dr. Alka Seltsahm.

Klasse: *Vögel*
Familie: *Wasserhähne*
Artbestand: *ausgestorben*

Besonderheiten: *Wie der Fregattvogel und andere Wasserhähne verfügte auch der Doppelschwinger über ein nicht wasserabstoßendes Gefieder, das ihn zum Wassern ungeeignet machte. Der ausdauernde Flieger befand sich meist in der Luft und landete nur gelegentlich auf einsamen Inseln oder Schiffsmasten. Seine Nahrung, ausschließlich Fische, jagte er im Schwirrflug: Einem Hubschrauber gleich, stand er knapp über der Wasseroberfläche. Bei diesem schwierigen Manöver balancierte ein hinteres Flügelpaar das Übergewicht der vorstehenden Körperhälfte aus. Beim Fischen stach der Wasserhahn, ohne mit dem Rumpf den Meeresspiegel zu berühren, blitzschnell zu. Mit seinem langen Hals (ca. 330 cm) und dank seines prolongierten Schnabels gelangt er dabei in erstaunliche Tiefen – bis zu 3 Metern!*
Charakter: *unbekannt.*
Geographische Verbreitung: *tropischer Pazifik.*
Lebensraum: *die Weiten des südlichen Stillen Ozeans.*

Fortpflanzung: *Das Weibchen legte alle zwei Jahre drei gesprenkelte, erstaunlich kleine Eier, die das Männchen in einem himbeergrützenfarbigen Schleimbeutel auf dem Kopf trug. In der Luft schlüpften die bereits flugfähigen Doppelschwingerküken.*
Nahrung: *Fische.*
Feinde: *keine.*
Entdecker: *Charles Darwin 1835 auf der Fahrt von Galapagos nach Tahiti.*

Für einen Tag begleitete ein grünschnäbliger Doppelschwinger anno 1835 auf dem offenen Pazifik die *Beagle* und gab der begeisterten Mannschaft eine Probe seines fliegerischen Geschicks. Eine volle Stunde nahm der prächtige Vogel anschließend auf dem Hauptmast des Seglers Platz. Darwin stieg sofort in die Wanten und konnte sich dem mächtigen Tier bis auf wenige Meter nähern. Von dort oben diktierte er Boris Biegel seine Beobachtungen mit lauter Stimme, was den Doppelschwinger wenig störte.

Eigentlich wollte Darwin dem Doppelschwinger ein eigenes Kapitel in „Die Entstehung der Arten" widmen, fand aber später seine diesbezüglichen Aufzeichnungen nicht wieder. Das war ihm so unangenehm, daß er den faszinierenden Vogel lieber verschwieg, als Falsches über ihn zu schreiben. Erst Prof. Dr. Scholz und seine Verlobte, die begnadete Ornithologin Dr. Alka Seltsahm, sichteten 1887 die letzten lebenden Doppelschwinger auf ihrer Expedition durch die polynesische Inselwelt.

Vergl.: Scholz, Bubi: „Der Doppelschwinger und andere schräge Vögel", Verlag Max & Schmähling, Potsdam, 1890. Sowie: Seltsahm, Alka: „Das Phänomen schmerzloser Kopfgeburten bei Wasserhähnen", Edtion Thoma & Pührin, Leverkusen 1889.

Das Männchen des grünschnäbligen Doppelschwingers mit seinem prächtigen Kopfputz, in dem die Eier ausgebrütet werden.

Die Schlummer-schleiche

Dormirenta repens sensi-hagenbeckii

Klasse: *Vögel*
Familie: *Sensi-Tiewen*
Artbestand: *stark gefährdet, knapp 100*

Besonderheiten: *Sowohl die Größe als auch die Schwimmlappen lassen eine Verwandtschaft mit dem Bleßhuhn vermuten. Doch das täuscht, gehört die Dormirenta repens sensi-hagenbeckii doch zur weitverzweigten Familie der Tiewen, spezifisch der Sensi-Tiewen*).*
Einmalig ist die Sprachbegabung der Schlummerschleiche. Dem Papagei weit überlegen, kann der hochintelligente Sumpfbewohner eigene Sätze formulieren und jeder Konversation problemlos folgen. Schlafwandelnd schleicht der Vogel gelegentlich leise murmelnd umher. Von einigen Exemplaren ist bekannt, daß sie über 80 Jahre alt wurden – wirkliche Methusalems der Vogelwelt.
Charakter: *sensibel, gelehrig, zutraulich, treu.*
Geographische Verbreitung: *Südchina.*
Lebensraum: *Feuchtbiotope, Schilf- und Binsendickicht.*
Fortpflanzung: *Schlummerschleichenpärchen leben in einem eheartigen Verbund und hängen mit inniger Liebe aneinander. Zur Paarungszeit im Frühjahr sitzen sie, sich mit Zärtlichkeiten überhäufend, dicht aneinandergeschmiegt im Nest. Dies ist auch die gefährlichste Jahreszeit für die Vögel, da sie sich, beim Schmusen wenig wachsam, leicht von arglistigen Vogelfängern überraschen lassen. Das Weibchen legt maximal drei gescheckte Eier, beide Tiere brüten abwechselnd.*

Biegels Sohn, Robert Charles, starb mit 17 Jahren an Pocken.

Nahrung: *Nimmt gern saftige Pflanzenblätter wie Salat, Kraut oder Kohl zu sich, sowie kleinere Fische und Insekten. Liebt besonders Speiseeis und Nudeln.*
Feinde: *Adler und andere Greifvögel. Wegen ihres prächtig-grünen Schnabels, der zerrieben bei den Chinesen als Potenzmittel gilt, wurde die Schlummerschleiche durch profitgierige Menschen fast ausgerottet.*
Entdecker: *As Pi Lin, Beihai / Südchina, 1435.*

**)Eine rare Unterfamilie der Tiewen, die nach dem chinesischen Gelehrten Dzen Si (328–409) benannt wurde.*

Darwin und Bobo Biegel entdeckten die Schlummerschleiche 1880 bei einem Gastspiel der Hagenbeckschen Tierschau in London. Karl Hagenbeck (1844–1913) hatte das sprachgewandte Wesen bei dem Direktor eines chinesischen Wanderzirkus gegen mehrere Nacktmulle eingetauscht. Der greise Evolutionspapst interessierte sich allerdings lediglich für ein dressiertes Nacktmullpärchen, während Biegel gänzlich von der Schlummerschleiche fasziniert war, die Darwin fälschlicherweise als mißratenen Kakadu abtat.

Das Publikum amüsierte sich nicht nur über die flotten Sprüche des grünschnäbligen Exoten, sondern auch über seine putzig-adrette Fußbekleidung. Diese hatte Hagenbeck extra für die Schlummerschleiche anfertigen lassen. Biegel fand es zunächst abstoßend, daß ein so liebreizender Vogel in derart häßliches und beengendes Schuhwerk gezwängt worden war. Aber als Kenner sah er ein, daß die zartweichen

Ein Wunder an Sprachgewandtheit: Die Schlummerschleiche. Von Darwin fälschlicherweise als mißratener Kakadu abgetan.

Schwimmlappen solcher Geschöpfe nicht für den harten europäischen Boden geeignet waren.
Der zoologische Geheimniskrämer Biegel und der dynamische Hamburger Tierhändler verstanden sich auf Anhieb prächtig und wurden später enge Freunde. Die kleine Schlummerschleiche schien ihrerseits einen Narren an dem wissenschaftlichen Gast Hagenbecks gefressen zu haben und folgte Biegel auf Schritt und Tritt. Biegel fühlte sich seinerseits von der Gelehrigkeit des zutraulichen Gesellen maßlos fasziniert. Als Hagenbeck ihm das aufgeweckte Tier 1889 schenkte, war Darwins ehemaliger Assistent zu Tränen gerührt. Fragte man den Unternehmer in späteren Jahren, wie es zur Freundschaft zwischen ihm und Biegel gekommen war, antwortete Hagenbeck stets mit einem Schmunzeln: „Nur über meine Schleiche"*).

Der Nacktmull, ein niedlicher, nackter Nager. Darwin und Bobo Biegel entdeckten ihn und die Schlummerschleiche bei einem Gastspiel der Hagenbeckschen Tierschau in London.

Die unbekleideten Füße der Schlummerschleiche. Bemerkenswert: die sensiblen Schwimmlappen.

Biegel nannte die nur 30 cm große Schlummerschleiche zärtlich Sue, in Erinnerung an Susan Schellack, die große Liebe seines Lebens. Tragischerweise starb das blutjunge Mädchen bei der Geburt ihres gemeinsamen Sohnes Robert Charles (1856). Daheim in Potsdam, kümmerte sich Biegel rührend um seinen kleinen Liebling und ging täglich im nahen Schloßpark von Sanssouci mit Sue spazieren, wo sie in den opulenten Wasserspielen des königlichen Schlosses planschte.
Besonders im hohen Alter wußte Biegel sein Haustier sehr zu schätzen, hatte er doch nie das Gefühl, einsam zu sein. 1918 starb seine geliebte Sue an Altersschwäche. Biegel, über den Verlust untröstlich, folgte der Freundin noch im selben Jahr.

**) Hagenbeck, Carl: „Von Tieren und Menschen", 1908, Neuaufl. 1967.*

Vergl.: Grosse, Friedrich D. : „Susi, Sue und Sanssouci. Eine Familie im Wandel der Zeit", Wolltähr Vlg. Potsdam 1927.
Sowie: Kruse, J.: „Auf Schleichwegen durch Potsdam", Einwech Verlag, Zweinach, 1993.

Die Nico-Laus

Drahma festivis nico-lausanniae

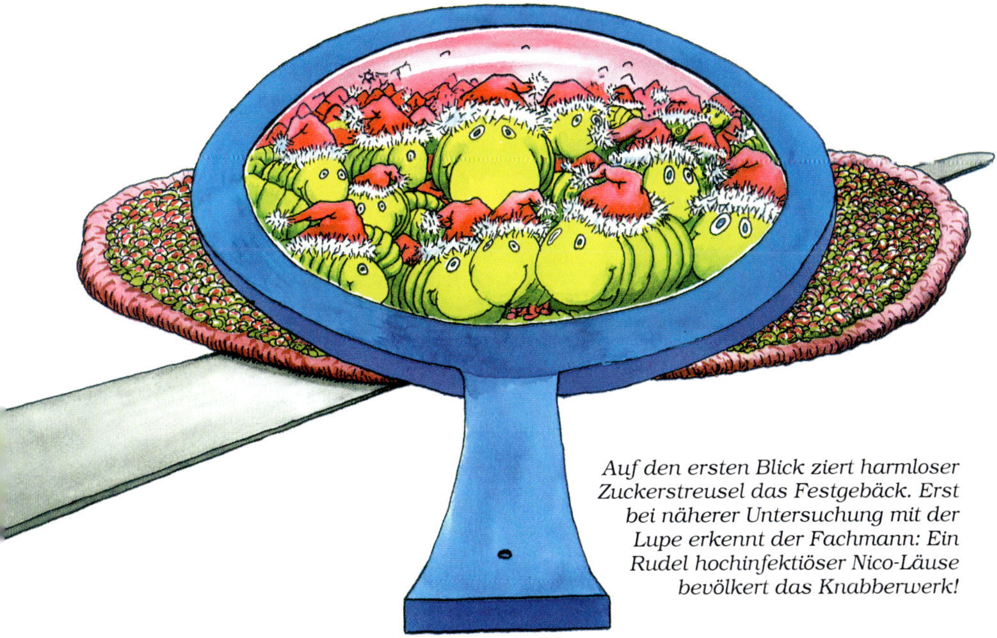

Auf den ersten Blick ziert harmloser Zuckerstreusel das Festgebäck. Erst bei näherer Untersuchung mit der Lupe erkennt der Fachmann: Ein Rudel hochinfektiöser Nico-Läuse bevölkert das Knabberwerk!

Klasse: *Insekten*
Familie: *Drahmen*
Artbestand: *400 Millionen*

Besonderheiten: *Obwohl wie eine Mammutlaus wirkend, gehört dieses zeckengroße Geziefer zur bislang wenig beachteten Insektenfamilie „Festliche Drahmen" *).*
Ungewöhnlich für Drahmen ist ihr Kranz aus weißen Haarfühlern und der feuerrote, lederartige Kopflappen, welchen ein hochsensibler, ebenfalls weißer Haarbüschel ziert. Ähnlich wie bei Heuschrecken, die zu gewissen Zeiten verheerend über Feld und Flur herfallen, kann der Nico-Laus-Schaden beim Menschen von Ende November bis zum 26.Dezember katastrophale Ausmaße annehmen.
Charakter: *verfressen, gesellig, häuslich.*
Geographische Verbreitung: *weltweit, wo das Weihnachtsfest gefeiert wird.*
Lebensraum: *Keksdosen, Speisekammern, Weihnachtsmärkte, ruhige Wohnungen, Süßwarenfabriken.*
Fortpflanzung: *Wenn sich die Nico-Läuse im November zusammenrotten, erfolgt ihre Eiablage in Nüssen, Süßigkeiten und*

**) Benannt nach dem Biochemiker Nico Drahme (1894–1986), dem es als erstem gelang, Hyperhysterodimetrylausin, den Wirkstoff der Nico-Laus, zu isolieren.*

Zuckergebäck. Die flinken, geflügelten und winzigen Larven schlüpfen wenige Tage später. An einem sicheren Ort, wie unter Möbeln, hinter Tapeten, auf Kronleuchtern etc., verpuppen sie sich in einem feingesponnenen Teig-Zucker-Kokon, den sie erst im Oktober des folgenden Jahres als ausgewachsene Nico-Läuse verlassen.

Nahrung: *Nico-Läuse bevorzugen Plätzchen, Lebkuchen und Weihnachtsgebäck aller Art. Im Notfall geben sie sich aber auch mit Pizza, Pasta und Tannennadeln zufrieden.*

Feinde: *das gemeine Weihnachtsmuffel, die Krampusspinne, Naschkatzen, Osterhasen.*

Entdecker: *Harry Beau, Nürnberg/Lausanne 1952.*

Wie jedes Jahr begutachtete der junge Süßwaren- und Lebkuchenfabrikant Harry Beau aus Lausanne auch im Dezember 1952 die Angebote auf dem Nürnberger Weihnachtsmarkt. Der saisonale Verkaufsschlager, ein modisch flaches Gebäck mit rotgrünen Streuseln, erregte Beaus besondere Aufmerksamkeit. Wer von dem offensichtlich vorzüglichen Knabberwerk naschte, kaufte es sofort in Unmengen und begann mit verklärtem Blick Weihnachtslieder zu summen.

Von einem exotisch wirkenden Händler, vermutlich indischer Herkunft, erstand Harry Beau eine Tüte der geheimnisvollen Süßware, wild entschlossen, das erfolgreiche Konkurrenzprodukt zu kopieren. Die populären Kekse schmeckten betörend nach Marzipan, zarten Gewürzen und köstlicher Schokolade. Nach drei Keksen summte Beau schon frohgelaunt „Oh Tannenbaum" (ein Lied, das er haßte). Zugleich befiel ihn ein unbezähmbarer Kaufzwang, und der sonst so sparsame Harry erwarb wie in Trance kistenweise Geschenke und Weihnachtsdekoration. Die Kekstüte war schnell geleert. Spontan erstand er gleich einen ganzen Karton des göttlichen Knabberwerks, über das er sich zum Befremden der Umstehenden hemmungslos hermachte. Doch bei näherer Untersuchung verging Harry Beau schnell der Appetit: Ganze Heerscharen kleiner grüner Wesen mit drolligen Füßchen und einem roten, weißumrandeten Kopflappen bevölkerten dicht gedrängt die Oberfläche der Delikatesse. Harry Beau hatte die Nico-Laus entdeckt!

Treffend kombinierte er, daß der Konsum dieses wohlschmeckenden Drahmen-Insekts beim Menschen jene krankhaften Reaktionen auslöst, die er am eigenen Leib erlebt hatte. Beaus Analyse ergab, daß es gleich-

Die Nico-Laus. Weil sie im 19. Jahrhundert noch als harmloser Zuckerrohrfresser in Indien lebte, blieb Darwin das schädliche Potential dieses Insekts verborgen.

Der Süßwaren-Industrielle Harry Beau, auch „Sugar-Harry" genannt, entdeckte 1952 die Nico-Laus.

gültig ist, ob der Körpersaft des Tieres durch Infusion in den Blutkreislauf gelangt, in Getränken aufgelöst konsumiert wird oder die ganze Nico-Laus zum Verzehr gelangt – in jedem Falle kommt es zur Infektion, dem sog. Drahmenbefall.

Das Bild der gefährlichen, aber nicht lebensbedrohlichen Krankheit manifestiert sich stets gleich: pathologischer Kaufrausch, übertriebenes Dekorieren von Tannenbäumen, unaufhörliches Summen von ein und demselben Weihnachtslied, zügellose Völlerei, forcierte Hyperaktivitäten (wie das Veranstalten von Weihnachtsfeiern), zwanghafte Verpakkungssucht (sog. Christomanie), anhaltende Schreibkrämpfe, unmäßiger Glühweinkonsum, manisches Schleifenbinden und penetranter Backwahn. Meist treten mehrere dieser Symptome, in schweren Fällen sogar alle gleichzeitig auf. Erreicht die Infektion am 24. Dezember ihren akuten Höhepunkt, lassen sich zusätzlich krankhafte Zanksucht und kochhysterische Verhaltensweisen diagnostizieren.

Gewöhnlich flaut die Infektion bereits am 26. Dezember leicht ab und gilt spätestens ab dem 2. Januar als überwunden. Ein Gegenmittel ist nicht bekannt, der Verzehr von Ostereiern verschafft in einzelnen Fällen leichte Linderung.

Harry Beau machte sich die leicht zu fangenden Nico-Läuse geschickt zunutze, indem er sie pulverisiert in Weingummi, Lebkuchen und andere Süßwaren mischte. Damit steigerte er seinen Umsatz um ein Vielfaches, und das nicht nur zur Weihnachtszeit.

Prof. Dr. Nico Drahme fand 1962 heraus, daß die Nico-Laus nach 1945 aus Südindien über den Gewürzhandel eingeschleppt wurde und ihre fatale Wirkung auf den Menschen erst in Mitteleuropa entfaltetet hatte. Die indische Nico-Laus war Darwin aus der Literatur vage als langweiliger und harmloser Zuckerrohrfresser bekannt. Weil sie im 19. Jahrhundert nur auf dem fernen Subkontinent lebte, blieb ihm das schädliche Potential dieser Drahme unweigerlich verborgen.

Vergl.:
Usanne, Nikola: „Menschlich, allzu menschlich. Nico-Laus-Befall im europäischen Frühwinter, eine Bilanz des Schreckens", Presaint Verlag, Merrycrist, Mass., USA 1988.
Prem, Cornelia, Gross Andreas M.: „Die physische und mentale Evolution des Homo sapiens unter Berücksichtigung morphologischer Konditionen spezieller neuentdeckter Spezies", Tomas Frank Verlag, München 1992.
Sowie:
Drahme, Nico: „Das Hyperhysterodimetrylausin – auf der biochemischen Fährte der Drahma festivis nico-lausanniae ." Kleberleim & Schmatzer, Nürnberg 1963.

*Die Schmeißfliege.
Inspiration für
David Kronenburgs
Film-Schocker „The Fly".*

Die Schmeißfliege

Musca iactans

Klasse: *Insekten*
Familie: *Dünnbrettbohrer*
Artbestand: *geht in die zweistellige Millionenzahl*

Besonderheiten: *Einzelgänger. Ungern teilt die Schmeißfliege ihr Revier mit anderen. Um ihr Territorium abzugrenzen, fährt sie zunächst den Bohrer aus. Damit drillt sie kleine Löcher in möglichst dünne Holzbretter (z. B. Furniere, die nicht einmal zwei Millimeter dick sind, siehe Abb.). Ist das Revier markiert, deponiert sie in den Bohrlöchern ihre Eier (siehe rechts). Artgenossen und anderen Insekten gegenüber brüstet sie sich dann unglaublicher Leistungen und gibt vor, einen mindestens 5 cm dicken Balken perforiert zu haben. Nicht nur dem Menschen, auch anderen Tieren ist die Schmeißfliege aus vielerlei Gründen eine echte Plage.*
Charakter: *anmaßend, unverschämt, von permanenter Fehleinschätzung ihrer wahren Fähigkeiten geprägt.*
Geographische Verbreitung: *weltweit.*
Lebensraum: *überall, meidet lediglich Feuer, Wasser, Eis.*
Fortpflanzung: *Ihre Eier schmeißt die Schmeißfliege zielsicher in kleine Hautöffnungen oder Holzlöcher, wo sie dank eines klebrigen Überzuges haftenbleiben. Daher spricht der Fachmann in diesem Falle nicht von Gelege, sondern von „Geschmeiße" (sog. ova iacta).*
Nahrung: *bevorzugt der Schweiß anderer Artgenossen, den sie mit ihrem Stempel aufnimmt. Das Insekt liebt aber auch jede andere Art körperlicher Ausscheidungen von Mensch und Tier (wie z. B. Tränen etc.), ja sogar Blut! Dieses zapft die Schmeißfliege gerne wenig behaarten Menschen mit ihrem Bohrer ab, den sie heimtückisch in die Haut einschraubt.*
Feinde: *Schmeißfliegenschnäpper, Kammerjäger.*
Entdecker: *Kapitän Robert Fitzroy, 1833, in Buenos Aires.*

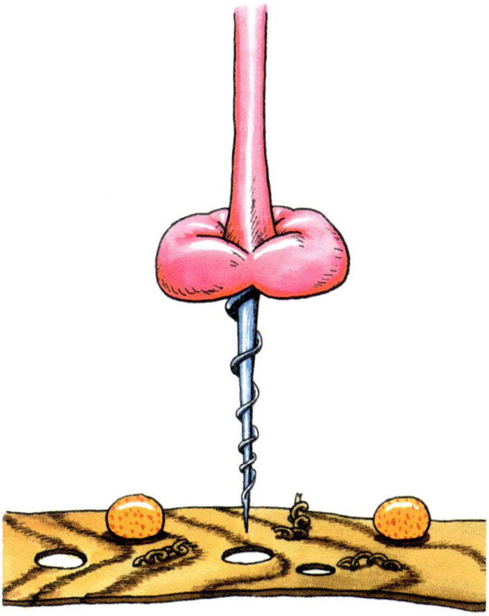

Typisch Dünnbrettbohrer: Aus dem Saugrüssel fährt die Schmeißfliege ihren nadelspitzen Bohrer für die Eiablage aus. Auch zur Blutentnahme weiß das Insekt sein Werkzeug meisterlich einzusetzen.

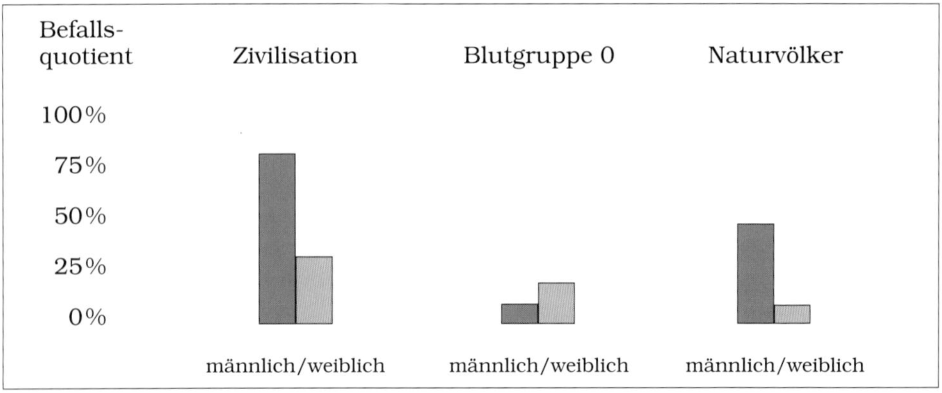

Weltweite Schmeißfliegenbefallsbefunde in der Statistik nach Prof. Dr. Rainer Unvuk an der Oberstleutnant-Rudolf-Crunch-von-Starkowitz-Universität in Windhuk. Seltsamerweise zeigt die Statistik in „zivilisierten" Gebieten höhere Befallsquoten auf. Nur Frauen und Menschen mit Blutgruppe O und Frauen im allgemeinen zeigen sich resistenter.

Normalerweise sind Schmeißfliegen für den Menschen ungefährlich, es sei denn, sie fühlen sich beim Einbohren in die Kopfhaut gestört.

Bei der Blutentnahme injizieren die schädlichen Dünnbrettbohrer gleichzeitig ein Gift, welches wichtige Gehirnsegmente ihres Opfers lähmt. Dies hat zur Folge, daß der Gestochene langsam seinen gesunden Bezug zur Realität verliert. R. Unvuk schließt daraus, daß sich speziell die wenig sympathischen Charaktereigenschaften der Schmeißfliege in krankhafter Form auf den Menschen übertragen.

Angabe und Übertreibungssucht sind die ersten Symptome, im Endstadium tritt völlige Verblödung ein. Gegenmittel sind bisher unbekannt.

Ein trauriges Beispiel für Schmeißfliegenbefall war *Beagle*-Kapitän R. Fitzroy (1805–1865), der im Hafen von Buenos Aires von einem ganzen Schwarm der aggressiven Dünnbrettbohrer angefallen wurde. Darwin spürte im Laufe der langjährigen Schiffsreise, wie der Kapitän zunehmend unter den geschilderten Symptomen litt, und mußte 1865 mit Bestürzung zur Kenntnis nehmen, daß die Krankheit den Unglücklichen in den Selbstmord getrieben hatte. Aus Pietät und Rücksicht auf die Familie Fitzroy verschwieg Darwin die Hintergründe des Leidens und damit auch die Schmeißfliege.

Vergl.:
Föhnhuber, Franz: „Mein Krampf. Bekenntnisse eines Schmeißfliegenopfers",
R. Epp Verlag, Ockerau 1992.

Unbestechlich: Albert Einstech, Vater der Schmeißfliegenforschung. Er wurde nie gestochen.

Der karibische Flaschentäuscher

Flasus ampulla karibensis drakii

Klasse: *Fische*
Familie: *Hinterfozzen*
Artbestand: *ca. 50*

Besonderheiten: *Die angriffslustigen Männchen erreichen bis zu vier Meter Länge. Da nur ihnen ein flaschenartiger Schnauzenfortsatz (siehe Abb.) gewachsen ist, mit dem sie ihre Opfer erfolgreich ködern, werden sie stets von einem Rudel hungriger Weibchen begleitet. Alle zwei bis drei Jahre wählt der Flaschentäuscher eine Partnerin aus seinem Harem zur Fortpflanzung aus.*
Charakter: *hinterhältig, aggressiv, blutrünstig.*
Geographische Verbreitung: *subtropischer und tropischer Atlantik, bevorzugt die karibische See.*
Lebensraum: *in der Nähe kleiner Inseln, Korallenriffe.*
Fortpflanzung: *Alle zwei Jahre legt das Weibchen des Flaschentäuschers seine unbefruchteten Eier nach einem wilden Paarungsspiel in der flaschenartigen Schnauze des Männchens ab. Einmal in der Flaschen-Nase sicher verkorkt, wird der Täuscher-Rogen erst dort befruchtet. In der gläsern schimmernden Schnauze schüttet das eigenartige Hormonsystem des Flaschentäuschers den männlichen Samen aus. Die ca. drei Dutzend, nur fingerlangen Täuscherkinder werden nach 4 Monaten lebend aus dem „Flaschenhals" geboren. Der korkenähnliche Verschluß geht dabei verloren und wächst im Laufe von zwanzig Monaten nach.*
Nahrung: *Fische, Schiffbrüchige, unvorsichtige Schwimmer und Taucher. Nach dem Schlagen seiner Beute beginnt der Killer seine Mahlzeit immer mit dem Hinterteil seines Opfers. Ein erwachsener Flaschentäuscher vertilgt in einer Nacht bis zu 95 Kilo Fleisch.*

Das Bermudadreieck, Verhängnis der Seefahrer.

Ein männliches Exemplar des Flaschentäuschers während des Verdauungsschlafes, eine Schlemmerkrabbe mit Beute und zwei Punkfische.

Feinde: *Schlemmerkrabbe.*
Entdecker: *Sir Francis Drake, vor Cuba, 1572.*

Der karibische Flaschentäuscher hält sich mit Vorliebe in der Nähe von Inseln auf. Sein bevorzugtes Jagdrevier liegt rund um das legendäre und von Seefahrern zu Recht gefürchtete Bermudadreieck.
Das stark magnetische Feld des Bermudadreiecks stört die Navigationsgeräte derart, daß sich die Meerestiefe nicht mehr ausloten läßt. Unzählige Schiffe stranden so auf den zahlreichen Riffen der Karibik oder kollidieren mit dem träge dahindümpelnden Dreieck. Sobald die ersten Rettungsboote wassern, taucht prompt der karibische Flaschentäuscher auf. Nur seine Köder-Schnauze ragt dabei aus dem türkisfarbenen Wasser. Gleich einer harmlosen Flaschenpost scheint sie herrenlos dahinzutreiben. Wehe dem Neugierigen, der sie aus dem Wasser ziehen will! Kaum umfaßt der Ahnungslose den Flaschenhals, schnappt der Flaschentäuscher gnadenlos zu. Auch darbende Schiffbrüchige, die auf winzigen Inseln dahinvegetieren und sich angesichts der vermeintlichen Flasche einen hochprozentigen Schluck versprechen oder auf unterhaltsame Flaschenpost hoffen, geraten häufig zwischen die rasiermesserscharfen Zähne des todbringenden Raubfisches. Bis heute haben wenige den Angriff des trickreichen Meeresmörders überlebt.
Auf seiner Entdeckungsfahrt mit der *Beagle* beobachtete Darwin den Flaschentäuscher vor den Kapverdischen Inseln. Er beugte sich schon über die Reling, um eine „Flaschenpost" aus dem trüben Wasser zu ziehen, als ihn im letzten Moment ein Matrose zurückriß. Trotz der Gefahr ließ sich Darwin in einem Käfig unter Wasser tauchen, um den Flaschentäuscher näher zu studieren.
Der angriffslustige Raubfisch hat nur einen natürlichen Feind, die Schlemmerkrabbe (*Cancer luxuriosus marinus,* siehe S. 116). Sie gefährdet als Flaschentäuscherrogenvertilger die Fortpflanzung des scharfzahnigen Meeresbewohners, und nur ihr ist es zu verdanken, daß sich der bösartige Kariben-Killer nicht stärker vermehrt.
Nach der Eiablage in seiner Schnauze, gewöhnlich im Schutze eines Riffes, verfällt der männliche Flaschentäuscher in einen tiefen Befruchtungsschlaf. Darauf wartet die Schlemmerkrabbe nur. Vorsichtig zieht sie mit ihren geschickten Händen den Flaschenkorken ab, holt mit ihren in der Tierwelt einzigartigen Besteckfühlern die Eier heraus und verspeist an einem sicheren Ort genüßlich die geraubte Delikatesse.*)
Darwin hatte nicht nur das Glück, eine Schlemmerkrabbe auf Raubzug zu beobachten, er entdeckte auch die bis dahin unbekannten Punkfische *(Piscis punkii)* und die gemeine Glotze *(Spectans communis).* Gerne halten sie sich in der Nähe des Fla-

**) Schlemmerkrabben sind ausgesprochene Gourmets. Es muß zwar nicht immer Flaschentäuscher-Kaviar sein, aber Fischrogen bevorzugen sie in jedem Falle. Gegen ein Dutzend Austern haben sie allerdings auch nichts einzuwenden.*

Tückische Falle vor paradiesischen Inseln: die harmlos wirkende Ködernase des karibischen Flaschentäuschers.

schentäuschers auf und beobachten jedesmal fasziniert dessen blutige Attacken. Von dem Aas seiner Opfer ernähren sie sich.

Vergl.:
Blond, James: „Tod aus der Flasche", Editorial Connery & Moore, Nassau 1907.
Sowie:
Walker, Johann: „Ich überlebte! Das Opfer einer Flasche berichtet", Chiva & Regal, Glasgow 1969.
Sowie:
Fimmel, Jonny-Mario: „Schlemmerkrabben küßt man nicht", O. Schlemmer Verlags GmbH, Bauhausen 1929.

Die Meeresleuchte

Lucerna maris

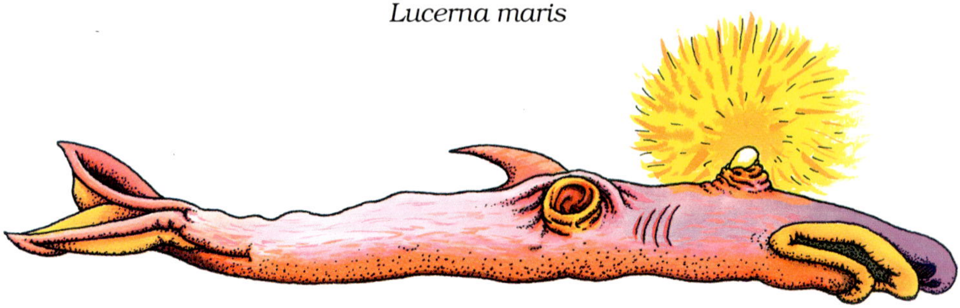

Die flinke Meeresleuchte, auch Stromschnelle genannt, eine wahre Leuchte in der Familie der Nachtschwärmer.

Klasse: *Fische*
Familie: *Nachtschwärmer*
Artbestand: *ca. 48*

Besonderheiten: *Neben ihren pfeilschnellen Bewegungen überrascht die Meeresleuchte durch ein glühbirnenartiges blinkendes Auge, das kurz hinter dem Nasenbein in einer kleinen Knorpelwölbung aufsitzt. Ähnlich wie ein Leuchtturmlicht rotiert das Auge um seine eigene Achse. Dem Zitteraal gleich, produziert der Fisch enorme Stromstöße, was ihm auch die Bezeichnung Stromschnelle eingebracht hat. Ungeklärt ist bis heute die Beschaffenheit des Leuchtauges. Besonders eigenartig: Auch nach dem Tod erzeugt das komplizierte Knorpelskelett der Meeresleuchte für Monate Licht. Ausgewachsene Tiere werden bis zu drei Meter (!) lang.*
Charakter: *liebestoll, geschwindigkeitsfanatisch, intelligent.*
Geographische Verbreitung: *Atlantik vor der Küste Äquatorialbrasiliens.*
Lebensraum: *Küstennähe, Flußmündungen (offenes Meer).*
Fortpflanzung: *Nur auf hoher See, bei einer Höchstgeschwindigkeit von 65 Knoten in der Stunde können sich die Meeresleuchten vermehren. Bei ihrem buchstäblich rasenden Liebesspiel verausgaben sie sich über Stunden vollständig. Erschöpft und regungslos lassen sie sich dann von der Strömung des Ozeans in die geschützten Gewässer einer sicheren Bucht treiben. Dort kommen die nur ca. 10 cm großen Jungen zur Welt.*
Nahrung: *Plankton, Strahlenfüßler, Glühwürmchen.*
Feinde: *Doppelschwinger, Piranhas.*
Entdecker: *Charles Darwin, Nordbrasilien, 1836.*

Eines Nachts an Bord der *Beagle* fiel Darwin ein lokal begrenztes rötliches Meeresleuchten auf, das sich mit rasender Geschwindigkeit dem Schiff näherte. Selbst Kapitän Fitzroy hatte dergleichen noch nie gesehen und ließ Netze auswerfen, um das erregende Phänomen näher zu untersuchen. Man erwartete eine Art Leuchtfisch zu fangen. Weit gefehlt, handelte es sich doch um eine junge, auf Migration befindliche Meeresleuchte!

Darwin sicherte sich sofort das Exemplar, steckte es unter Deck in einen Salzwasserbottich und unterzog es dort gemeinsam mit Bobo Biegel eingehenden Studien. Kaum lag das fast ein Meter lange Meereswunder wieder im vertrauten Naß, begann seine Stirnlampe zu glühen, und die finstere Kajüte erstrahlte in taghellem Licht.

Die Meeresleuchte schien eher sanfter Natur zu sein und erwies sich bald als ein sehr nützliches Haustier. Bei nächtlichen Studien war die „natürliche Lichtquelle“ von großer Hilfe. Trotzdem warf der tierliebe Darwin sie wieder ins Meer zurück, nicht ohne vorher einen ausführlichen Bericht über sie verfaßt zu haben.

Erst 1878 schickte Darwin seine 200seitige Meeresleuchtenstudie an Thomas A. Edison, der daraufhin 1879 die Kohlenfadenlampe erfand und 1882, dem Todesjahr Darwins, in New York das erste öffentliche

Leistungsmensch und Achiever, auch im Sport: T.A. Edison auf einer Skitour im Staate New York.

Elektrizitätswerk der Welt in Betrieb nahm. Über die Kontakte zu dem britischen Evolutionsgelehrten schwieg sich der amerikanische Erfinder allerdings bis zu seinem Tode aus.

Vergl.:
Charles Lumière: „Es werde Licht“, Wattier-Vollt Verlag, Lichtenstein 1921.

Ähnlich wie der Zitteraal lädt sich die Meeresleuchte elektrisch auf und kann über Stunden mehr als 220 Watt erzeugen. Besonders ungewöhnlich: Auch das Knorpelskelett vermag noch monatelang nach dem Ableben des Tieres zu leuchten.

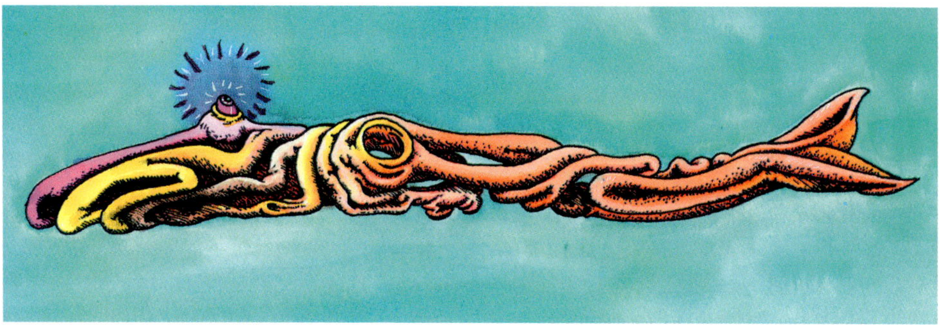

Die Schlemmerkrabbe

Cancer luxuriosus marinus

Klasse: *Schalentiere*
Familie: *Gourmanten*
Artbestand: *ca. 2800*

Besonderheiten: *ungewöhnlich die besteckartigen Fühler, die fleischige Mundpartie sowie die hominide Hand- und Fußform. Nur bei der Nahrungsaufnahme sind diese Körperteile sichtbar. Im schlafenden Zustand ist die Schlemmerkrabbe äußerlich von einem gewöhnlichen Taschenkrebs kaum zu unterscheiden, da sie dann sämtliche Gliedmaßen einzieht. Dann verrät lediglich ihre Größe (ca. 30 cm Oberschalendurchmesser) den Sonderling.*
Charakter: *lebenslustig, gesellig, geschickt, genußorientiert.*
Geographische Verbreitung: *subtropischer und tropischer Atlantik, vorzugsweise die karibische See.*
Lebensraum: *Inselnähe und Korallenriffe.*
Fortpflanzung: *Die Schlemmerkrabbe legt ihre Eier mehrmals im Jahr in ausgeschlürften Austernschalen ab.*
Nahrung: *Muscheln und Fischeier, bevorzugt die Rogen des karibischen Flaschentäuschers.*
Feinde: *Wale, Fischer.*
Entdecker: *Marco Lombo, Saint Martin 1575.*

Die Franzosen verleugnen bis heute, daß ein Italiener die Eßkultur in Frankreich eingeführt habe. Starrsinnig behaupten sie, ein obskurer Paul Pokühse hätte Messer und Gabel erfunden. Doch es war der Genuese Marco Lombo, welcher das Besteck salonfähig machte. Die innovative Entdeckung haben wir nicht etwa seiner kunsthandwerklichen Begabung zu verdanken, sondern vielmehr der Schlemmerkrabbe, der dieses Werkzeug angewachsen ist.

Auf einer Entdeckungsfahrt im Auftrag Heinrich des III. von Frankreich (1551–1589), fischte Marco Lombo die Exotenkrabbe vor Saint Martin aus dem karibischen Meer. Sehr zum Unwillen des Schiffskochs Christophero Polo, dem das seltsame Tier unheimlich war, ließ er die Krabbe in Weißwein kochen und zum Dinner servieren. Begeistert von dem exquisiten Geschmack, beschloß Lombo, einige Lebendexemplare der neuentdeckten Delikatesse in einer Wassertonne mit nach Frankreich zu transportieren. Auf der Rückfahrt beobachtete er, daß die Schlemmerkrabbe bei der Fütterung sehr geschickt mit ihren besteckartigen Fühlern hantierte, was ihn auf die Idee brachte, seine Mahlzeiten auf gleiche Weise zu sich zu nehmen. Die Kalkfühler, durch den Kochvorgang gehärtet, ließen sich leicht von der Schale entfernen und waren sofort als Eßgeräte einsatzfähig.
Auch König Heinrich der III. war von dem Geschmack des karibi-

schen Schalentiers sehr angetan. Sofort ließ der französische Herrscher die Schlemmerkrabben-Eßwerkzeuge in massivem Silber nachbilden. Bald benutzte man bei Hofe Messer und Gabel nicht nur zum Genuß von Krabben und anderen Schalentieren. Anfangs gab es noch Verletzungen, war man es doch nicht gewohnt, mit so scharfen Geräten bei Tisch umzugehen. Doch bald hatte man Übung, und die Kunde von der neuen Tafelkultur drang weit über Frankreichs Grenzen hinaus. Besonders illustren Staatsgästen schenkte Heinrich III. ein prunkvoll vergoldetes, 10teiliges Tafelset. Dabei gefiel sich Majestät ungemein in der Rolle als gefeierter „Botschafter raffinierter Tischsitten". So verbreitete sich der Gebrauch von Messer und Gabel bald in ganz Europa.

Darwin kannte die Schlemmerkrabbe nur zu gut: Bei seinen Flaschentäuscherbeobachtungen war er von einem dieser Schalentiere angegriffen und empfindlich an der Zehe verletzt worden. Damals beschloß er, dieses Besteckwesen fortan durch Nichterwähnen zu strafen.

Vergl.:
Krabbe, Katarina: „Der Sprint-Effekt. Prinzipien der Fortbewegung bei Schalentieren." Express Verlag, Dresden 1992.
Sowie:
Zwiebäck, Wolfram: „Piraten, Schlemmerkönige und Krabben. Köstliche Geschichten aus vier Jahrhunderten." D.E. Likat Verlag, Essen 1989.

Die Schlemmerkrabbe, Gourmet der tropischen Meere. Hier mit einer satten Portion frisch erbeuteten Flaschentäuscherkaviars.

Die Osterei-Dexe

Dexa ovumpaschae easterhazyi

Klasse: *Reptilien*
Familie: *Raubnuganten*
Artbestand: *ca. 800.000*

Besonderheiten: *Die knallbunten Reptilien sind nur vom Palmsonntag bis Mai aktiv. Im Schlaf oder zur Tarnung ziehen sie Hals und Beine komplett ein, so daß ihr lederweicher Panzer eine ideale Eiform annimmt und sich dabei kalkartig verhärtet. Dann ist die Dexe von einem Osterei nicht mehr zu unterscheiden.*
Charakter: *suchtgefährdet, labil, maßlos.*
Geographische Verbreitung: *ursprünglich Südamerika. Jetzt weltweit, wo das Osterfest gefeiert wird.*
Lebensraum: *unterirdische Baue. Zur Osterzeit bevorzugt in Wohnzimmern, Gärten und Süßwarengeschäften.*
Fortpflanzung: *Kurz nach Ostern paaren sich die Osterei-Dexen. Im Mai legt das Weibchen in ihrem Bau sechs winzige Eier, die während des anschließenden Dauerschlafs der Eltern bebrütet werden und zu Hühnereigröße anschwellen. Erst am Palmsonntag schlüpft der Nachwuchs.*
Nahrung: *Im Ei ernähren sich die Dexen-Embryos vom Inneren der dicken, stark dextrinhaltigen*) Eischale, womit eine frühgenetische Fixierung auf süße, eiförmige Nahrung festgelegt wird. Der daraus resultierende Drang („Dextrin-Sucht") macht Nougat- und andere Zuckerwerkeier zur ausschließlichen Speise der Osterei-Dexen und gab der Gattung ihren Namen.*
Feinde: *Osterhasen.*
Entdecker: *Baron v. Easterhazy, Budapest 1879.*

Meister der Tarnung: Zusammengezogen und an ihrem fadenartigen Schwanz aufgehängt ist die Osterei-Dexe von einem Osterei nicht zu unterscheiden.

Erwachen die Raubnuganten aus ihrem Schlaf, dringen sie sofort in Häuser und Wohnungen ein. Ihrer süßen Beute nähert sich die farbenfrohe Dexe mit in der Tierwelt einmaligen Tricks: Getarnt als Osterei, läßt sie sich z. B. mit anderen Eiern im Wohnzimmer verstecken. Auch hängt sie sich gern an ihrem fadendünnen Schwanz unbemerkt an einen für diese Zeit typischen Strauß von Weidenkätzchen. Dort gleicht das listige Tier den anderen bemalten Ostereiern wie ein Ei dem anderen. Sobald sie sich sicher fühlt, fällt die ausgehungerte Osterei-Dexe über Oster-

**) Dextrin ($C_6 H_{10} O_5$) n': hochmolekulare Kohlenhydrate, die meist aus verschiedenen Zuckerarten aufgebaut sind.*

nester sowie bereits versteckte Eier her. Vorräte hortet der Räuber in seinem Bau oder dunklen Winkeln (wo er sie gelegentlich vergißt). Obwohl nur wenige Wochen im Jahr aktiv, richtet die Osterei-Dexe gewaltigen Schaden an. Zum Osterfest bekommen Eltern regelmäßig hysterische Anfälle, wenn die versteckten Süßwaren nicht mehr aufzufinden sind. Die Folge: heulende Kinder, die nicht nur leer ausgehen, sondern obendrein völlig zu Unrecht beschuldigt werden, die gemopsten Ostereier bereits vernascht zu haben (Ursache des infantilen Osterdieb-Traumas).

Darwin hatte vier schlafende Osterei-Dexen als exotische Kunsthandwerkeier 1836 in Brasilien erworben – aber nie als Tiere erkannt! Erst der ungarische Naturforscher Baron von Easterhazy machte den ahnungslosen Briten 1879 auf die Raubnuganten diskret aufmerksam. Beschämt über seinen fatalen biologischen Import, bat Darwin den Baron um Stillschweigen und ließ die Osterei-Dexe unerwähnt.

Vergl.:
Bührung Uhle, Christoph: „Die Spur des falschen Hasen“, BSC Verlag, Icking 1993.
Sowie:
Dechstro-Ennergähn, Daisy: „Eiergier und Dextrinrausch – infantile österliche Traumata“, Verlag Maister & Lammpe, Lindts 1994.

Die Osterei-Dexe mit Nougat-Beute auf ihrem farbenfrohen Gelege.

Tierart	Wissenschaftlicher Name	Klasse
Australische Apokalypte	*Apokalypta ultrasonida australis*	Wirbellose
Schneller Brüter	*Incubator velox geigeri*	Reptilien
Büstenhalter	*Grapscha imaginem sublevans barkerae*	Reptilien
Chinesischer Cosinus	*Sino cosinus davidi*	Reptilien
Grünschn. Doppelschwinger	*Biallae collulongum viridis*	Vögel
Europ. Erbsenzähler	*Penetrans numerator pisi*	Säugetiere
Euphurie	*Furia jubilis furiosa*	Säugetiere
Karib. Flaschentäuscher	*Flasus ampulla karibensis drakii*	Fische
Gürteltier	*Pecus cinguli montanensis*	Säugetiere
Alpiner Harschkriecher	*Adulator nivis duri messweineri*	Reptilien
Hochhausschneck	*Limaxclimax torris*	Wirbellose
Korrekturtaste	*Pertempta corrigens digitalis*	Reptilien
Küsserraupe	*Limax basiatio amorosa*	Wirbellose
Sibirische Latsche	*Lubricus transitans sibiriae*	Säugetiere
Meeresleuchte	*Lucerna maris*	Fische
Müllschlucker	*Blattella decursum devorans*	Reptilien
Nico-Laus	*Drahma festivis nico-lausanniae*	Insekten
Cocos-Nußhörnchen	*Cornicula torreya cocoensis*	Säugetiere
Ohrmuschel	*Concha auricularis misteriosa*	Wirbellose
Osterei-Dexe	*Dexa ovumpaschae easterhazyi*	Reptilien
Pessimyste	*Mysta argumentum pessimi*	Säugetiere
Asiatische Schleiche	*Lubricus reptens asiae*	Säugetiere
Schlemmerkrabbe	*Cancer luxuriosus marinus*	Schalentiere
Schlingen-Schlingel	*Furcifer tendicula*	Säugetiere
Peruanischer Schlüpfer	*Lascivus peruanus glitschii*	Säugetiere
Schlummerschleiche	*Dormirenta repens sensi-hagenbeckii*	Vögel
Schmeißfliege	*Musca iactans*	Insekten
Schreckschraube	*Cochlea terribilis shokii*	Reptilien
Sehstern	*Stella videns*	Wirbellose
Stachelschwein	*Sus speculi occidentalis*	Säugetiere
Tropische Trete	*Treta treta*	Säugetiere
Tyrannenschlüpfer	*Lascivus vestilia tyrannus*	Reptilien
Nächtliches Unwesen	*Nocturna consuetudo mala nachtschattiae*	Säugetiere
Züchtiger Zuhälter	*Comprimator pudicus vaticanicus*	Säugetiere

Familie	Artbestand (ca.)	Entdecker	Jahr	Ort
Transmytten	12	Charles Darwin	1836	Australien
Wüstlinge	1708	A. Tom Geiger	1852	New Mexico
Grapschen	218	Norma Jean Barker	1864	Mansfield
Tangenten	144	Pater David	1860	Peking
Wasserhähne	ausgestorben	Charles Darwin	1835	Galapagos/Tahiti
Penetranten	14.000	Paul Netrand	1863	Brüssel
Parasympazien	3	Brigitte Bonheur	1831	Lausanne
Hinterfozzen	50	Sir Francis Drake	1572	vor Cuba
Schnallen	23	Johnny B. Vain	1837	Montana
unbekannt	ausgestorben	Reinhold Messwein	1855	Österreich
Lüstlinge	ausgestorben	Charles Darwin	1835	Tahiti
Tippechsen	16	Charles Darwin	1836	Tasmanien
Amourösen	40.000	Charles Darwin	1835	Tahiti
Schlurchen	30	Boris R. Biegel	1863	Nordrußland
Nachtschwärmer	48	Charles Darwin	1836	Nordbrasilien
Reißwölfe	3500	Marcel Müller	1876	Marseille
Drahmen	400 Millionen	Harry Beau	1952	Nürnberg
Nußracker	100	Charles Darwin	1836	Cocos-Inseln
Meereslauschen	unbekannt	Kap. C. B. Hansen	1829	Rio/Montevideo
Raubnuganten	800.000	Baron v. Easterhazy	1879	Budapest
Parasympazien	80 Millionen	Maurice Malheur	1876	Bagdad
Schlurchen	1500	Toshi Bah	1581	Kyoto/Japan
Gourmanten	2800	Marco Lombo	1575	St. Martin
Schlappschwänze	80	Carles Darwin	1849	England
Knutschen	10.000	Ado Glitsch	1862	Titicaca See
Sensi-Tiewen	100	As Pi Lin	1435	Beihai/Südchina
Dünnbrettbohrer	30 Millionen	Kap. Fitzroy	1833	Buenos Aires
Elektroschocker	60	Rudy Schok	1936	Patagonien
Wasserspäher	unbekannt	Charles Darwin	1835	Quiriquina
Rennsäue	ausgestorben	Clint Westwood	1828	Montana
Trampel	ausgestorben	David Lebendstein	1870	Zentralafrika
Schnorrer	70	Charles Darwin	1835	Galapagos
Kammikatzen	700	Nally Nachtschatt	1874	London
Ortodochsen	ausgestorben	Pater Nosta	1867	Rom

Literaturverzeichnis

Adler, M. H.: *The writing machine. A history of the typewriter, London 1973.*
Asimov, Isaak: *Das Wissen unserer Welt, C. Bertelsmann Verlag GmbH, München 1991, S. 332.*

Biegel, B. R.: *Nachlaß, Manuskript 17b, Kiste II.*
Biegel, B. R.: *Nachlaß, Manuskript 117/12b, Kiste III.*
Biegel, B. R.: *Nachlaß, 15c/24b/873.*
Biegel, B. R.: *Studies in the evolution of animals, 1831-1835, Archibald Constable and Company, Westminster 1889.*
Biegel, B. R.: *Darwins theory of natural selection, London 1891.*
Biegel, B. R.: *The life and letters of Charles Darwin, Down 1889.*
Biegel, B. R.: *Reisetagebuch: Mit Bobo Biegel um die Welt, Band 16, unveröffentlicht.*
Blechschmidt, E.: *Vom Ei zum Embryo, Stuttgart 1968.*
Blond, James: *Tod aus der Flasche, Editorial Connery & Moore, Nassau 1907.*
Brehm Alfred: *Brehms Tierleben, Bd. 1-5, Verlagsanstalt Schlüter & Co GmbH, Leipzig 1926.*
Brockhaus: *Der große, Band 21, 1984.*
Brooks, John Langdon: *Just before the origin, Alfred Russel Wallace´s theory of evolution, Columbia University Press, New York 1984.*
Brut, Alo: *Vergewaltigung im Tierreich, Schweinfurt 1987.*
Bühring-Uhle, Christoph: *Die Spur des falschen Hasen, BSC Verlag, Icking 1993.*
Bührow, Victor von: *Zauber der Norm, Endlos Verlag, Brüssel 1869.*
Buhsen, Bruno: *Verhängnisvolle Kompensation von Minderwertigkeitskomplexen. Handbuch zur Klassifizierung von Grapschen, Wissenschaftliche Verlagsanstalt Dr. Oskar Loskar, Bamberg 1991.*

Casanova, Don Juan de: *Vom Penthaus in den Keller der Evolution – das Ende einer entarteten Art, Spieljung & Hassler, New York, 1976.*
Chapin, Y.: *In pursuit of the Congo Peacock, in: Natural History, New York 1937.*
Chargaff, Erwin: *What really is DNA? in: Progress in Nucleic Acid Research and Molecular Biology, 8, 1968.*
Clark, Ronald, W.: *Charles Darwin, Fischer Taschenbuch Verlag GmbH, Frankfurt 1990.*

Darwin, Charles: *The origin of species by means of natural selection, John Murray, London 1859.*
Darwin Charles: *A naturalist´s voyage of H.M.S Beagle, edited and superintended by Charles Darwin.*
Darwin Charles: *Reise eines Naturforschers um die Welt, Greno Verlag 1988.*
Darwin Charles: *The descent of man, and selection in relation to sex, 2nd Vol., London 1871.*
Dechstro-Ennergähn, Daisy: *Eiergier und Dextrinrausch – infantile österliche Traumata, Verlag Maister & Lammpe, Lindts 1994.*
Dennert, E.: *Vom Sterbelager des Darwinismus, Stuttgart 1903.*
Desmond, Adrian, Moore, James: *Darwin, Verlag Michael Joseph, Ltd., London 1991.*
Drahme, Nico: *Das Hyperhysterodimetrylausin – auf der biochemischen Fährte der Drahma festivis nico-lausanniae, Kleberleim & Schmatzer, Nürnberg 1963.*

Eisenhauer, Heiko: *Geiger zählt nicht – ein Dementi, Fortnox Verlag, Washington 1944.*

Fimmel, Jonny-Mario: *Schlemmerkrabben küßt man nicht, O. Schlemmer Verlags GmbH, Bauhausen1929.*
Föhnhuber, Franz: *Mein Krampf. Bekenntnisse eines Schmeißfliegenopfers, R. Epp Verlag, Ockerau 1992.*
Fraipont, Y: *Contributions à la faune du Congo, Nr. 1, Okapia 1907.*
Freud, Sigfried: *Tyrann oder Ödipus? Elternliebes-Defizit im Tierreich, Verlag Kronos & Söhne, Wien, 1928.*
Fuji, Kato: *Shai-to, der weite Weg der weisen Schleiche, Kawa & Sake, Kyoto 1992.*

Gardel, Carlos: *Tangoreceptores y la recepción correcta del tango digital, Edición Piazzolla, Buenos Aires 1932.*

Gayer, Wally: *Himmel, Harsch und Firn – Das Biotop des Harschkriechers, Karrjähr Verlag, Wien 1883.*
Gillespie, Neal C.: *Charles Darwin and the problem of creation, Chicago 1979.*
Gray, Florian: *Sehen und gesehen werden. Von der Eitelkeit maritimer Wesen, Verlag Spiegel & Söhne, Leipzig 1932.*
Gross, Andreas M.: *Im Bann der Ordnung – was wir von der Korrekturtaste lernen können, R. Echtwinkl & G. Rade, München 1993.*
Gross, Andreas M.: *Genetische Dekadenz bei Hominiden als Ursache für Reisefieber und andere lokomotorische Störungen, Wissenschaftl. Edition Ringelrein, St. Udienrays 1980.*
Gross, A. M., Prem, C.: *Die physische und mentale Evolution des Homo sapiens unter Berücksichtigung morphologischer Konditionen spezieller neuentdeckter Spezies, Tomas Frank Verlag, München 1992.*
Gross, A. M., Prem, C.: *Psychosen und andere tierische Schocker. Neue Wege der organischen Heilung unter besonderer Berücksichtigung der Therapiemethoden von R. Shok, Tod & Teufel Verlags GmbH, Hamburg 1994.*
Gross, A. M., Prem, C.: *Das Ei des Cosinus, Verlag C. J. Humos und Sohn, Frankfurt 1989.*
Grosse, Friedrich D.: *Susi, Sue und Sanssouci. Eine Familie im Wandel der Zeit, Wolltähr Vlg., Potsdam 1927.*
Grzimek, Dr. Dr. H. C. Bernhard: *Grzimeks Tierleben, Bd. 1-13, Kindler Verlag AG, Zürich 1993.*

Haag/Haas/Hürzeler: *Evolution und Bibel, Freiburg i. B. 1966.*
Hagenbeck, Carl: *Tier- und Menschenwelt Nr. 1, 1925.*
Hagenbeck, Carl: *Von Tieren und Menschen, 1908, Neuaufl. 1967.*
Hansen, C. B., Hansen H. J.: *Alexander von Humboldt, Urbes Verlag, Gräfelfing 1988.*
Hartmann, E. von: *Wahrheit und Irrtum im Darwinismus, Berlin 1875.*
Has, Fred: *Möwenschrei und Meereslauschen. Meine tollen Tage auf See, Sebru Verlag, Podima 1829.*
Heberer, G.: *Was heißt heute Darwinismus, 2. Aufl., Göttingen 1960.*
Heck, H.: *Kamele. Das Tier und wir, in: Münchner Zoozeitung 1941.*
Hemleben, Johannes: *Darwin, rororo Bildmonographien, Hamburg 1968.*
Hesselhaus, Ralf, Schmidt, Matthias: *Harlekinfrösche der Gattung Atelopus, Terrarienbibliothek.*
Humboldt, Alexander, Bonplandt, A.: *Reise in die Aequinoctial-Gegenden des neuen Kontinents, Bd. 1-4, J. G. Cotta´sche Buchhandlung 1815.*
Huxley, J.: *Ich sehe den künftigen Menschen, München 1965.*
Huxlex, J., Kettlewell, H. B. D.: *Charles Darwin and his world, London 1965.*

Kaba, Saki: *Kochen mit Subishi, Bonsai & Söhne, Oasaka 1987.*
Kathäte, Anna: *Der Satz des Hypo T. Nuse – ein geometrischer Sonderfall, Mathematische Verlagsanstalt Pütta, Goh & Rass, Einsteinach/Riesengebirge 1957.*
Koch, Vinzenz von: *Die Ohrmuschel als Zeichen des Untergangs, Ahrl Verlag, Amsterdam 1914.*
Krapotkin, P.: *Gegenseitige Hilfe in der Tier- und Menschenwelt, Leipzig 1908.*
Krumbiegel, Ingo: *Die neuweltlichen Typopoden, in: Zool. Anzeiger, Bdn. 145, 1944.*
Krumbiegel, Ingo: *Von neuen und unentdeckten Tierarten, Kosmos, Stuttgart 1950.*
Kruse, J.: *Auf Schleichwegen durch Potsdam, Einwech Verlag, Zweinach 1993.*

Lansky, Meyer: *Das wahre Wesen des Unwesens, Batista & Söhne, Havanna 1958.*
Lorenz, K.: *Das sogenannte Böse, Wien 1963.*
Lumière, Charles: *Es werde Licht, Wattier-Vollt Verlag, Lichtenstein 1921.*

Malheur, Maurice: *Vom Unglück in die Katastrophe, 13 Bde., Hrg. von S. K. Pade, Verlag Sadam, Huss & Hain, Bagdad 1990.*
Mandel, Gregor: *Zuhälterzucht und biologische Ordnung – vom Geheimnis züchtiger Gene, Verlag Kietz & Söhne, Frankfurt 1969.*
Mander, Sally: *Vorrevolutionäre Pantoffelhelden – die Sibirischen Latschen als Opfer zaristischer Prunksucht. G. A. Losche & Erben, Sohlingen 1922.*
Mannhoff, Eta-Maria: *Märchen des Indischen Ozeans, Hugo Verlag, Hoffmannsthal 1890.*
Markus, Imelda: *Vom Sammeln schönen Schuhwerks, Verlag B. Ally, Manila 1986.*
Marshall, William: *Selbstmord bei Tieren, in: Plaudereien und Vorträge, A. Tweetmeyer, Leipzig vor 1895.*
Mayo, Carlos: *Pork und Pein, das Ende einer Art, Rade & Boyl Verlag, Dresden 1899.*

McDonald, Brownie: *Round is better than square, Verlag Mars & Hershy, Sugarville 1975.*
Mctaste, Malcolm: *Correct taste in exile, Olympia Press, Hobart 1842.*
Müller, Marcel: *Der Müllschlucker. Alternative Wege der zeitgenössischen Müllbeseitigung, Arm & Schlucker Verlags GmbH, Staßburg 1878.*

Nachtschatt, Nally: *Müllers Müll, Marseille und meine Mission, Mühlheim 1904.*
Nachtschatt, Nally: *Phänomene in nächtlichen Gassen, 12 Bde., G. Rusel Verlag, Stockholm 1905.*
Nachtwey, R.: *Der Irrweg des Darwinismus, Berlin 1959.*
Nelson, Billy: *I´m nothin´but a singing bastard – Songs from a vanishing frontier, Strange Sounds Editions, Nashville, 1956.*
Nemsi, Clara B.: *Fast Breeders – Mystery in the Desert, Nuke & Lear, Los Alamos 1955.*
Netrand, Paul: *Vom Wesen der Eurowesen, Lang & Athmig Verlagsanstalt, Straßburg 1865.*

Oudemans, A.: *The great sea serpant, 1892.*
Oykahl, M.: *Drahtlose Kommunikation in Australien, Verlag T. E. Lekomm, Berlin 1896.*

Perle, Petra: *Vom richtigen Umgang mit Müllschluckern. Saubere Tips für den sauberen Haushalt, Verlag Scheuermann und Blank, München 1994.*
Prem, Cornelia: *Bauplan der Unsterblichkeit – die extrachromosomale Differenzierung der Protozoenzelle als Basis mentaler Individualisierung, Verlag Macht und Wissen, Renthendorf bei Neustadt-Orlau 1982.*
Prem, Cornelia: *Von Tippechsen, Adlern und Menschen, BSC Verlag, Icking 1986.*
Pristine, Agatha: *Tod im Aquarium, Dannhill Verlag, London 1901.*
Puschmann, B.: *Korrektur-Zeichen nach DIN 16511, Hg. vom deutschen Normenausschuß, 1967.*

Reak, Thor: *Brüter-Beobachtungen auf der Drei-Meilen-Insel, Wissenschaftliche Verlagsanstalt Czerno, Bühl & Erben, Garching 1901.*
Rettich, M.: *Der seltsamste Fang, in: die Arche Noah, Jahrg. 1, 1949.*

Saliva, Ida: *El Resbalador Incaico, un fenómeno misterioso Lenguado & Hrns., Lima 1894.*
Schmuse, Beate: *Kiss me Kate and love me tender. Success of reproduction in the South Pacific, Edition Lovelace, Los Angeles 1992.*
Schnell, Maximilian: *Vom Umgang mit scharfen Kurven, B. H. Trumpf Verlagsgesellschaft, Lustheim 1969.*
Scholz, Bubi: *Der Doppelschwinger und andere schräge Vögel, Verlag Max & Schmähling, Potsdam 1890.*
Schrödinger, Erwin: *What is life. The physical aspect of the living cell, University Press, Cambridge 1945.*
Schwarz, E.: *Le Chimpanzé de la rive gauche du congo, in: Bulletin cercle Zool. congolais, 1928.*
Schwarzenegg, E. R.: *Nur der Fitteste überlebt, der Fall Lebendstein, Krafft Verl., Graz 1923.*
Schwatzer, Emma: *Vom Frauenhaus zur Trümmerfrau. Verlorenens Glück in der Südsee, Alice & Töchter Verlags GmbH, Chauviville, 1989.*
Selig, Roman: *Beten zu St. Pauli, Reeper und Bann Verlag, Hamburg 1872.*
Seltsahm, Alka: *Das Phänomen schmerzloser Kopfgeburten bei Wasserhähnen, Edition Thoma & Pührin, Leverkusen 1889.*
Sheasser, Shirley: *I know what I saw, Shlaym & Shicer, London 1874.*
Spiegel, Der: *Nr. 2/1994.*
Stanley, H.: *Vermutungen zu Lebendstein, Udjidji Press, Lusaka 1871.*

Tase, Gloria X.: *Höhenflug und Absturz, Verlag Ramba & Zamba, Glückstadt 1933.*
Thomas, O.: *The forest-pig of Central Africa, in: Proceed. Zool. Soc. London 1904.*
Tschaikowsky, P. I.: *Hörstudien zu Op. 71 a, 1892.*

Usanne, Nikola: *Menschlich, allzu menschlich. Nico-Laus-Befall im europäischen Frühwinter, eine Bilanz des Schreckens, Presaint Verlag, Merrycrist, Mass. USA 1988.*

Vries, H. De: *Die Mutationstheorie, Leipzig 1901.*

Walker, Johann: *Ich überlebte! Das Opfer einer Flasche berichtet, Chiva & Regal, Glasgow 1969.*
Weinert, H.: *Der Ursprung der Menschheit, Stuttgart 1944.*
Wormer, Eberhard: *Wo Wesen Wege weisen, Verlagsanstalt Hinn und Weiß, München 1992.*
Wuketis, Franz M.: *Charles Darwin, der stille Revolutionär, München, Zürich 1987.*

Danken möchten wir
der Deutschen Hochschule für Seriositätswissenschaften und der inzwischen verstorbenen Margarete Prem. Sowie Gertrud und Prof. Dr. Hermann Gross, Zita und Hans Prem, Heinrich und Anneliese Hagemann. Durch ihre großzügige Unterstützung wurde Unmögliches möglich.
Wir danken weiterhin allen, die uns über die Jahre ermutigt haben, den steinigen Pfad der seriösen Forschung standhaft zu beschreiten: Dr. Eberhard Wormer, Oliver und C. J. Frank, Trudie Trox, Ingrid Krachon, Klaus Thora, Dr. Ortrud und Dr. Wolfgang Sonnabend, Karin Kümpfel, Ingeborg Schober, Christine Reich, Ponkie, Christoph Bühring-Uhle, Hans Joachim Herbst, Eva Hermann, Tom Drügg, Isabella von Richthofen, Regine Kiefer, Dr. Olaf Kirck, J. J. Cale, Ernst Rädecke, Heidi und Peter Zimmermann, Dr. Juhg. K. Marburg, Fred Has, Sid Vischnewsky, Christa und Dr. Horst Krüger, Yvonne Wortmann, Tony Zinkl, Miguel Santander, Maxi und Eli Deisenhofer, Sabine Schuhmann, Klingenstein Studienreisen und allen Freunden der Parabiologie.

Cornelia Prem, Andreas M. Gross
Zentrallabor für Parabiologie, München 1995

Quellennachweis:
Text: Cornelia Prem, Andreas M. Gross

Zeichnungen, Skulpturen, Fotos: Andreas M. Gross

Historische Fotos: Archiv des Zentrallabors für Parabiologie sowie Archive der Familien Gross und Prem

= Entdecktes Tier
= Die Sibirienreise des R.B. Biegel (1868/69)
= C. Darwins Entdeckungsfahrt auf der «Beagle» 1831–36
NORDAMERIKA
Montana
New Mexico
Cuba
Großbritannien
Azoren
Marse
Kapverdische Inseln
Ascension
St.
Salvador
SÜDAMERIKA
Galapagos Inseln
Lima
Rio de Janeiro
Santiago
Montevideo
Buenos Aires
Patagonien
Falkland Inseln
Tahiti